솔로몬, 나는
지혜를 사랑했지만
쾌락도 좋아했다

솔로몬, 나는
지혜를 사랑했지만
쾌락도 좋아했다

박성만

as Wise as Solomon

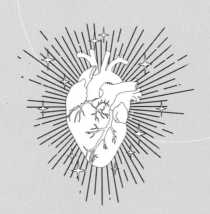

삶을 가볍게 하는
3.000년의 지혜

들어가며

마치 신들린 것처럼 인류는 첨단 문명을 향하여 돌진했다. 어느덧 인공지능이 사람의 두뇌를 앞지르는 시대가 되어 버렸다. 인류에게 자체의 제동장치는 없는 것 같다. 이럴 때 지구는 자체 정화시스템을 발동하여 균형을 유지하는 일을 한다. 갑자기 덮친 코로나 19 팬데믹이 그것이다. 지금은 전진할 때가 아니다. 비대면으로 내면을 들여다볼 때이다. 새 술은 새 부대에 담아야 하듯이 코로나 19 이후에는 새로운 삶의 태도를 지녀야 한다. 그 지혜의 발굴을 위하여, 나는 3천 년 전 고대 중동에서 지혜의 대가로 알려진 솔로몬의 세계관으로 독자를 안내하려 한다.

|지금은 솔로몬의 지혜가 필요한 때

내가 고등학교 1학년인 어느 가을날, 서울역 뒤편에 있는 서소문 공원 벤치에 앉아있었다. 그곳은 사춘기 속앓이를 할 때마다 내가 찾던 곳이다. 그날 매우 쌀쌀한 바람이 불었다. 그때 낙엽과 함께 발밑에 날아온 전도지 한 장이 있었다. 무심결에 그것을 집어 들었다.

"다윗의 아들 예루살렘 왕 전도자의 말씀이라. 전도자가 이르되 헛되고 헛되며 헛되고 헛되니, 모든 것이 헛되도다. 해 아래에서 수고하는 모든 수고가 사람에게 무엇이 유익한가(전도서 1:1~3)."

이 구절을 읽는 순간 정신이 맑아졌다. 이스라엘의 전설적 왕인 솔로몬도 세상살이가 헛됐다면, 지금 내가 보는 인생이 헛된 것은 너무나 당연하지 않은가. 그 '헛됨의 지혜'가 이상하게 나를 위로하며 희망을 주었고, 이후 삶이 힘들 때마다 견디는 잠언이 돼줬다. '세상은 그런 거야. 그런 줄 알고 살면 무엇이 문제겠어?' 이렇게 마음 정리를 하자 마음이 편했다. 삶을 관조할 수 있었다. 어떤 때는 어디서 생겼는지 모를 용기도 불쑥 나와 나를 놀라게 했다.

이후 나는 성경 중에 전도서를 특히 좋아하게 됐다. 하지만 전도서는 당시 이스라엘의 신앙 전통과는 거리가 먼 사상을 담고 있어서, 구약성경 39권 안으로 들어오는 과정에 우여곡절이 있었음을 나중에 신학을 공부하면서야 알게 됐다. 전도서는 저자가 솔로몬으로 되어있지만, 소위 솔로몬 학파에서 솔로몬을 기리기 위하여 편집했을 가능성이 더 크다고 한다. 전도서가 편집됐다 하더라도 원저자의 의도를 읽어내는 일은 가능하고 그 일은 매우 중요하다.

솔로몬에 대한 선입견을 버리라

솔로몬에 대한 선입견을 버리고 성서에 기록된 솔로몬의 기사를 읽다 보면, 의외로 성경을 애독한다는 사람들조차 모르는 내용이 많다. 경전의 이해는 객관적인 시각에서 출발해야 한다. 그런데 사람들은 경전에서 자기에게 위로가 되는 구절만을 보려고 한다. 선별 읽기도 자기 수양에 중요하지만, 전체를 봐야 할 때가 반드시 온다. 성경은 솔로몬이 지혜의 왕이면서도 사치스럽고 관능적이고 전통을 파괴하는 왕임을 적나라하게 보여준다. 그런데 일반인은 물론 성경 애독자들도 이를 잘 모르고 있다.

솔로몬이 지혜의 왕이라는 데에 이의를 제기하는 사람은 단 한 사람도 없다. 그래서 그가 어떤 지혜를 가졌느냐 물으면 기껏해야 한 매춘부의 친자소송 사건을 우기는 정도이다. 한 아이를 서로 자기의 아이라 말하는 두 여성 중 누가 아이의 생모인지를 가리는 재판, 솔로몬은 아이를 반으로 갈라 나눠 가지라 하였고 이에 한 여성은 이를 반대하고 상대 여성에게 양육권을 넘기려 했다. 그러자 솔로몬은 그 여성이 생모라는 판결을 내렸다. 그 시대에 구전으로 내려오던 이야기가 솔로몬의 지혜로 편입됐다.

내가 곧 솔로몬이다

사람들은 스스로 지혜를 갖추기보다는, 지혜를 갖춘 위대한 인물을 세워 그를 이상화하려는 경향이 있다. 그렇게 함으로써 손쉽게 자신도 지혜의 수혜자라는 착각에 빠지고 싶은 거다. 타자에게 위탁된 존재감은 더는 필요 없는 시대가 됐다. 비대면이라는 새로운 사회현상을 만든 코로나 19는 많은 것을 개인화시켰다. 지혜의 왕인 솔로몬을 흠모하는 것은 아무런 필요가 없어졌다. 자신이 솔로몬이 되어야 한다. 나는 이 글에서 독자가 솔로몬이 되는 길을 안내하려 한다.

나는 구약성경의 열왕기에 기록된 솔로몬 일생에 대

한 적은 분량, 그리고 전도서를 관심 있게 읽었다. 솔로몬은 초인이 아니었다. 그가 무역에 능해 국가를 부흥시켰지만, 그는 왕의 지위를 이용할 정도로 욕망에 충실한 사람이었다. 그러면서도 욕망을 넘어서려는 남다른 영적 갈망을 가졌다. 그는 전통에 순응하는 모습을 보이기도 했지만, 당시로써는 매우 진보적인 왕으로 전통에 반하는 선택과 결정을 하여 자신을 역동적인 삶으로 밀어 넣었다. 그렇기에 그에게는 왕의 설명서가 따로 필요 없었다. 그가 창조한 길이 곧 왕의 설명서였다. 당신은 남들이 닦아놓은 길을 가려는가, 당신만의 길을 개척하길 원하는가? 솔로몬의 삶과 지혜는 당신의 마음에 울림을 줄 것이다.

솔로몬은 슬픈 사연을 품은 부모에게서 태어났다. 한 사람의 초기 성격은 부모에게 가장 많은 영향을 받는다. 특히 모성 결핍은 더욱더 큰 존재에 대한 갈망으로 전이되는바, 지혜자를 배출하는 모판과 같다. 솔로몬의 지혜는 그의 유년기 정서적 결핍과 매우 밀접한 관계가 있다.

아쉽게도 솔로몬의 삶에 대한 정보는 너무나 부족하다. 성경에 남아있는 기록도 이스라엘 사학자들의 손에 편집된 것들이다. 아시다시피 역사학자들은 자기들의 관점에 따라 자료를 모으거나 재구성한다.

　나는 신학 공부를 먼저 했다. 이어 지난 20년 동안 정신분석학을 연구하고 강의하고 10권의 정신분석 교양 심리서를 출판하고 임상 심리치료를 해왔다. 그러는 중에 성서에서 인격의 이중성을 여실히 보여준 솔로몬에 특별한 관심을 두게 됐다. 쾌락을 좋아했으나 지혜도 사랑한 솔로몬, 그의 삶을 심리 생애사적 방법으로 재구성해 보는 일은 매우 가치있는 일이란 생각이 들었다. 심리 생애사 연구는 한 사람의 인생을 연대순으로 심리학적 재구성을 하는 것으로, 정신분석학과 연구자 자신이 유용한 연구 도구이다. 성서의 단편적인 자료 외에는 역사적 자료가 너무 빈곤해 주관적 해석을 배제할 수는 없지만, 그렇게라도 시도해봄으로써 우리는 솔로몬에게 바싹 다가갈 수 있을 것이다.

삶의 두 가지 축

1부에서는 정신분석학과 분석심리학을 이용하여, 솔로몬이 일인칭 화법으로 자기 이야기를 하게 했다. 나는 솔로몬의 삶을 구성하는 두 가지 심리적 요소를 '슬픈 눈동자'와 '총명한 마음'으로 봤다. 독자들은 이 두 가지 축으로 전개되는 솔로몬의 자전적 이야기를 듣는 청자가 될 것이다. 솔로몬의 고백은 인간 자체의 고백이기도 하다. 나 자신이 지난 20년간 해온 인간탐구에 의하면 인간은 아무리 제각각 다르다 해도 크게 다르지 않다. 하나로부터 왔기 때문이다.

2부에서는 구약성경 전도서의 각 장에 따라 솔로몬의 지혜를 13개로 나누었다. 그리고 '슬픈 눈동자'와 '총명한 마음'을 두 축으로 하여 솔로몬의 지혜를 해석했다. 나의 관점에 따라, 편집된 이스라엘 전통 신앙은 되도록 배제했다. 각자가 가진 솔로몬에 대한 사전지식은 잠깐 보류해 놓고, 열린 마음으로 책에서 들려오는 솔로몬의 고백에 빠져보자. 그의 지혜는 그의 삶에서 나온 것으로 보편타당한 원리에 기초했음을 알게 될 것이다. 솔로몬의 부귀영화에 대한 선망보다도, 구도자로서 그의 행적에 더 많은 관심이 갈 것이다. 독자는 3,000년 전 한 인물을 동시대에 초대하여 함께 유한한 인생을 사색하고 관조하는 자유를 얻을 수 있다.

"이 또한 지나가리라."

솔로몬의 위대한 어록으로 전해지는 말이다. 이스라엘을 부국 강화한 다윗 왕이 반지 세공사를 불러 자신을 위한 반지를 만들라고 했다. 그리고 반지에 전쟁에서 이겨 환호할 때 교만하지 않고, 절망에 빠져 낙심할 때 좌절하지 않고, 스스로 용기와 희망을 얻을 수 있는 글귀를 새겨 넣으라고 지시했다. 세공사는 반지에 새겨 넣을 글귀로 몇 날을 고민하다가 현명한 왕자 솔로몬에게 도움을 청했다. 그때 솔로몬이 알려 준 글귀이고, 그의 지혜를 대변하는 한 문장이다.

이 말이 지난 3천 년 동안 얼마나 많은 사람의 마음을 가볍게 하고 위로했는지! 특히 삶이 어려울 때는 반짝반짝 빛나는 보석과 같은 한마디였을 것이다. 그러나 구체적인 상황에서 이 말은 잊힌다. 만일 이 말이 나오게 된 삶의 배경과 원리를 안다면 어떨까? 우리는 인생의 다양한 상황에서 이 말의 의미를 포착할 수 있을 것이다. 각자의 몫으로 즐겁고 보람 있게 사는 비법도 알게 될 것이다.

"나는 사람이 자기 일에 즐거워하는 것보다 더 나은 것이 없음을 보았나니 이는 그것이 그의 몫이기 때문이라(전도서 3:22)."

지금 우리는 너무 많은 몫을 챙겼다. 더 많은 몫을 챙기지 못해 박탈감에 빠졌다. 그러면서 꼭 필요한 내 몫을 잃었다. 코로나 19 바이러스는 모든 것을 멈추게 하거나 천천히 가게 한다. 인구를 줄였고 건강도 약화했다. 마스크로 가린 사람들의 얼굴에는 두 눈만 반짝반짝 빛난다. 각자가 들여다봐야 하는 내면의 참모습은 마스크 안에 감춰있다.

이제는 자기 안에서 삶의 지혜를 발굴하라는 시대의 예언이다. 전문가들은 이 상황이 상당히 오래갈 것이라고 한다. 더 많은 것들이 멈출 것 같아 걱정이다. 과학은 지구를 정화하기로 한 바이러스의 공격을 제어하는데 많은 한계가 있다. 바이러스도 변종을 과시하며 자신이 온 목적을 기필코 달성하겠다고 벼르고 있다. 가치관의 전환이 일어날 시기이다.

지나가는 것들의 의미

"이 또한 지나가리라."

소극적이거나 염세적인 태도가 아니다. 지나가는 것들을 조용히 지나가게 하는 것이야말로 삶에 대한 가장 적극적이고 능동적인 자세이다. 이 땅에서 영원히 살 것처럼 안달복달하지 말자는 것이다. 지나가는 것에서 삶의 지혜를 배워 현재를 살자는 것이다. 현재를 사는 사람에게 미래를 걱정하는 거추장스러운 시간표는 없다. 모든 것은 없어지기 위해서 있고, 없어진 것들은 다시 태어난다. 인생은 무한한 순환의 한 점에 불과하다.

"이미 있던 것이 훗날에 다시 있을 것이며, 이미 일어났던 일이 훗날에 다시 일어날 것이다. 이 세상에 새것이란 없다(전도서 1:9)."

이 글은 코로나 19 이전에 이미 완성된 원고이다. 나도 모르게 나의 무의식은 코로나 19 이후의 메시지를 준비했다. 성경 인용은 '표준 새번역'에서 가져왔다.

2021년 6월

분당, 가나심리치료연구소에서

박성만

Chap.1

나 솔로몬,
이제부터 진실을 고백하겠다

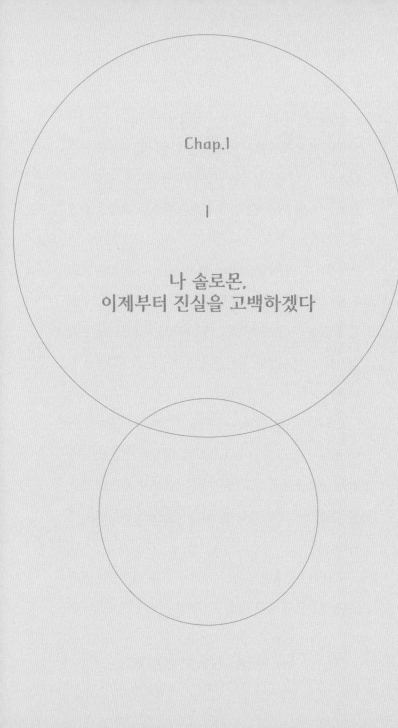

Chap.1

|

**나 솔로몬,
이제부터 진실을 고백하겠다**

솔로몬은 지혜의 대가라고 일컬어지면서도, 나중에는 향락에 빠져 지혜와는 거리가 먼 인물처럼 평가됐다. 솔로몬의 이야기를 편집한 이스라엘 신학자는 솔로몬을 한때는 지혜로웠지만, 결국 실패한 왕으로 평가했다. 정말 그럴까?

성경은 그의 삶을 예측해 볼 수 있는 아주 적은 자료만을 독자에게 선물로 주었다. 지금부터 적은 성서의 행간에 감춰진 솔로몬의 삶을 들여다보는 내적 여행을 시작하겠다. 이 여행은 독자 자신의 내면을 들여다보는 흥미로운 여행이기도 하다.

여행의 목적은 각자의 내면에 감춰져 있는 것을 드러내 정화하고, 그것들이 스스로 말하게 하려 함이다. 독자는 마음을 치유하고 성장시키는 힘은 각자 안에 있음을 발견하여 외부로 눈을 돌리지 않는 지혜를 얻을 것이다.

세계관이 변화하지 않는 지혜는 한낱 처세술에 불과하다. 솔로몬의 심리 내적 고민은 처세에서 세계관의 변화를 가져오는 지혜를 얻는 긴 영혼의 순례 과정이었다.
나는 이 놀라운 여행에 여러분과 함께해서 매우 기쁘다.

1부의 내용은 구약성경 열왕기상 1장~11장에 기초하
고 있다. 성경은 같은 이야기라도 기록자의 관점에 따라
다르게 기록한 부분이 많다. 여기에 대한 신학적 논의는
본 책의 목적이 아니다. 열왕기상을 먼저 읽으면 솔로몬
의 고백에 더 공감할 수 있을 것이다. 그러나 꼭 그럴 필
요는 없다. 1부는 심리여행을 하는 것이지, 역사적 자료
를 모으는 작업이 아니기 때문이다.

1 지혜는 서로 마음을 통하는 것이다

지혜는 객관적인 기준이 있는 것이 아니라,
나와 마음이 통하는 사람 사이에 항상 넘쳐 있다.

어느 날 아버지 다윗 왕이 반지 세공사를 불러 말했다.

"나를 위하여 반지를 하나 만들라. 그리고 내가 승리하고 기쁠 때 교만하지 않고, 시련에 빠져 절망할 때에 용기를 줄 수 있는 글귀를 넣어라."

반지를 다 만든 세공사는 고민하다가 지혜의 왕자라 불렸던 나 솔로몬을 찾아와 어떤 글귀를 넣으면 좋으냐고 물었다. 잠시 생각에 잠긴 나는 말했다.

"이 또한 지나가리라."

나의 지혜를 한 문장으로 압축한 글귀이다.

내 시대는 대략 3천 년 전이었다. 지금까지 사람들은

나를 지혜의 왕이라고 부르기를 조금도 주저하지 않았다. 그들에게 묻고 싶다. '도대체 솔로몬의 지혜는 무엇인가?' 아마도 대부분의 사람들은 꿀 먹은 벙어리가 될 거다. 또 묻고 싶다. '그럼 지혜는 무엇인가?' 그것은 더 어려운 질문일 것이다.

이런 질문은 어떨까? '당신 주변에 지혜자라고 할 만한 사람은 있는가?' 역시 대부분의 사람은 고개를 설레설레 젓거나 극소수의 사람만이 그렇다고 하겠지. 하나만 더 묻겠다. '어떤 점에서 그를 지혜자라고 생각하는가?' 막상 말하려면 그것도 지혜인가? 의문이 들 거다. 사람들이 지혜를 너무 추상적이고 관념적으로만 알고 있어서 그렇다.

지혜의 기준은?

지혜는 객관적으로 어떤 기준이 있는 것이 아니라, 나와 마음이 통하는 사람 사이에 항상 넘쳐 있다. 아무리

스피노자가 유럽의 랍비였다고 해도 당신이 그와 통하지 않았다면 그는 당신에게 지혜자가 아니다. 당신이 지금 마음을 통하고 있는 사람이 있다면, 지혜는 이미 그 안에 있고 둘은 서로에게 지혜자가 되는 거다.

나를 지혜의 왕이라고 하는 많은 사람들, 그들은 나와 통하고 있을까. 기껏해야 한 매춘부의 친자 소송사건 하나[1]를 나의 지혜로 알고 있다면, 그는 나와 통하고 있지 않은 거다. 그가 아무리 나를 지혜의 왕이라고 찬사를 해도, 지혜는 그와 아무런 상관이 없다. 지금부터 내가 하는 이야기에 귀를 기울인다면, 나의 지혜는 여러분의 지혜가 될 거다. 여러분은 나 솔로몬에게 찬사를 보낼 필요가 전혀 없다. 여러분이 이미 지혜자니까. 지혜를 얻으면 인생이 가볍다. 지혜는 한 개인과 세상의 원리를 가르쳐 준다.

---

1 두 명의 매춘부가 한 아이를 데리고 와서 서로 자기 아이라고 우겼다. 솔로몬은 칼로 아이를 반으로 잘라 한쪽씩 나누어 가지라고 했다. 친모는 이에 반대했고 다른 여성은 그렇게 하자고 했다. 이렇게 해서 친모를 가렸다는 이야기(구약성경, 열왕기상 3:16~28).

누구든 내 이야기를 들으면 나에게 가졌던 기대나 이상이 서서히 무너지게 될 것이다. 나의 인간적인 약점을 만나, 당신의 인간적 약점도 편안하게 느껴질 것이고, 그렇게 느꼈다면 내 이야기를 잘 따라오고 있는 거다. 당신과 나와의 거리가 가까워졌다면 당신은 나와 소통하고 있다는 것이다. 우리는 서로가 서로에게 지혜자이다. 당신이 나에게 배운다면, 나 또한 당신에게 배우게 된다.

당신은 나의 파란만장한 인생이 어떻게 지나갔는지를 배울 것이고, 당신의 인생에서도 지나가는 것이 무엇인지를 알게 될 거다. 자, 내 이야기를 듣기 전에 이 말은 마음에 넣어둬야 한다. '지혜는 처세술이 아니라 세계관의 변화다. 처세술은 찰나를 사는 기술이고 지혜는 영원을 사는 기술이다.'

우선 내 이야기를 기록한 성서(구약성경, 열왕기상 1장~11장)부터 이해하자. 성서에 기록된 내 이야기는 이스라엘이 바빌론의 포로로 끌려간 후기에 편집된 것들이다. 내 시대가 대략 기원전 900년경이고, 바빌론 포로의 후기는 그로부터 400년이 지난 후다. 그때 문서보존의 방식과 기술, 통신, 교통, 언론 등으로 미루어보아 400년 전의 일을 객관적으로 기록한다는 것은 거의 불가능하다. 신명기 역사학자라고 불리는 사학자들은 포로생활로 분열되고 절망에 빠진 이스라엘을 재건해야 했다. 그들은 이스라엘의 전통에 입각한 신앙을 다시 일으키기 위하여 400년 전의 내 이야기를 꺼냈다. 아주 단순한 원리로 나를 서술했다. '솔로몬이 신앙에 충실했을 때는 지혜의 왕이었고, 신앙을 떠났을 때는 실패한 왕이 됐다.' 그들은 이스라엘의 회복을 위하여 신앙의 재건을 외쳤다.

사실 말고, 진실에 귀를 기울이라

성서를 처음 읽은 히브리 독자는 사실fact보다도 진리truth에 더 많은 관심을 가졌다. 그들은 성서에서 역사적이고 객관적인 사실보다는 그 이야기 속에 담긴 삶의 진리가 무엇인지에 관심이 많았다. 그들은 성경에 실린 내 이야기에서 각자에게 꼭 필요한 삶의 지혜를 발췌했다. 모든 기록된 문서는 문자도 중요하지만, 나를 문자로만 해석하고 인용하여 나의 이야기를 평가하는 일은 없었으면 좋겠다.

이 글을 읽는 여러분과 나는 3,000년의 시대 차이가 있다. 그 기간에 과학이며, 문명이며, 문화며, 얼마나 많은 변화가 있었는가? 만일 당신이 나의 이야기를 잘 따라온다면, 나의 고백을 동시대인의 고백으로 이해하게 될 것이다. 마음을 열고 그 안을 들여다보면, 사람의 마음에는 시간과 공간을 초월하여 공유할 수 있는 정신의 핵이 들어있다.[2]

또 다른 주의사항은 '이 글을 읽는 동안만은 옳고 그름의 가치판단은 보류해 줬으면 좋겠다'는 것이다. 이야기를 풀어가면서, 나는 무엇이 옳은지 그른지 이분법적 논의는 하지 않겠다. 옳음은 옳음에 속하고 그름은 그름

---

2 분석심리학은 인류가 시간과 공간을 초월하여 함께 공유할 수 있는 것을 집단 무의식이라 했다. 집단 무의식은 원형(archetype)으로 이루어져 있다. 원형은 내용이 아니라 하나의 틀로서 유전되므로 3,000년 전 솔로몬 이야기에는 오늘 우리의 이야기도 있다.

에 속한다. 서로 다른 두 개념은 순환하면서 만나기도 하고 대치하기도 한다. 옳고 그름은 집단의 윤리의식에 영향을 받은 마음의 상위 구조인 초자아가 나누는 작업이다. 삶은 서로 다른 두 개를 양쪽 바퀴로 움직이고 있다. 아주 단순한 원리이다. 어둠이 없으면 절대 빛도 없다.

　마지막으로 당부한다. 당신이 지금 어떤 상태이든지, 그 상태는 필연이며 당신에게 최적의 상태임을 명심하라. 인생은 항상 필연이고 최적의 상태로부터 출발한다. 우연이니 악연이니 최악이니 하는 것들은 사유의 착각이다. 우연은 내가 몰랐던 것이고, 악연은 선한 인연을 위한 것이고, 최악은 최선을 위한 것이다. 당신이 지금 하고자 하는 것은 지금 있는 그대로 출발하면 된다. 지나간 것에 미련이 생기면 다가오는 것도 불안하고, 결국 현재에도 충실하지 못한 사람이 된다.

② 출생 비화를 공개한다

한 사람의 출생은 모든 필연과 인연이 만들어낸
그만의 종합예술이다. 당신의 출생을 기뻐하라.

자, 그럼 내 출생의 비화부터 시작한다. 왕국이 안정기
에 들어선 어느 날, 아버지 다윗은 한가롭게 궁중 옥상
을 거닐고 있었다. 마침 그 시간, 궁중 밖의 민가에 군인
인 우리야의 아름다운 아내 밧세바가 목욕하고 있었고
아버지는 그녀의 아름다움에 반해 왕궁으로 들여 정을
통했다. 밧세바가 그 일로 아이를 가지게 되자 아버지는
이를 은폐하려고 전선에 있던 우리야에게 휴가를 주어
귀가시켰다. 그러나 우리야는 밧세바와 잠자리를 같이
하지 않았다. 불안한 아버지는 우리야를 최전선에 보내
죽게 했고 밧세바를 왕후로 취했다. 그렇지만 이 일로 가

진 아들은 태어난 지 칠 일 만에 죽었다. 아버지는 크게 회개했다. 이후 밧세바가 두 번째로 임신하여 나온 아이가 바로 나 솔로몬이다. 이것이 성경에 기록된 내 출생의 요지다.

외로우면 그리워진다

내 출생에 관해서는 사람들의 입을 타고 나도는 소문도 많았다. 어디까지 사실이고 허구인지는 나에게 그다지 중요한 일은 아니다. 나는 어린 시절부터 궁중 사람들, 특히 궁녀들이 수군거리는 소리를 들었다. 상식적으로 생각해 보자. 다윗 왕의 산책 장소인 궁중 옥상의 가시거리에 욕실이 있었다. 어머니는 왜 그 욕실에서 목욕하는 것을 피하지 않았을까? 아버지의 감수성으로 미루어보아 뒤태가 아름다운 어머니를 보고 관음증적 호기심을 품은 것은 이상한 일이 아니었을 것이다. 어떻게 타이밍이 그렇게 일치할 수 있겠는가? 궁녀들은 그것이 어머니의 계략임을 조금도 의심하지 않았다.[3] 그녀들은 부러움 반, 질투심 반으로 어머니에 대하여 험담하는 것을 즐겼다.

어머니의 전남편인 우리야는 다윗을 위한 전쟁에 참전하기 위해서 장기간 집을 비웠다. 궁녀들의 말에 의하면, 여성적 매력이 뛰어난 어머니는 남편이 부재한 장기간의 외로움을 견딜 수 없었다. 모성의 자애로움보다도 여성으로서의 매력이 뛰어난 여성은 출세욕도 그만큼 강하다. 어머니 밧세바는 일개 군인의 아내로 일생을 사는 것에 만족할 수 없었고, 그녀는 욕실을 거기에 두고 다윗이 궁중 옥상에서 산책하는 시간에 맞추어 목욕했다. 멀리서 보는 여성의 나체는 앞태보다도 뒤태가 더 남성을 유혹한다. 어머니가 이룰 것을 다 이루고 한가해진 한 남

---

3 성경은 다윗이 욕정으로 밧세바와 정을 통한 것으로 기록하고 있지만, 그 상세한 과정은 생략하고 있다(사무엘 하 11:2~4). 전통적이고 보수적인 관점에서는 수직으로 신분 상승을 하려는 밧세바의 정치적 야심이 작용했다고 한다. 그러나 밧세바가 일방적인 피해자가 됐건, 다윗과 동조자가 됐건, 밧세바는 정서적으로 매우 불안정한 상태에서 솔로몬을 양육했을 거라는 유추는 충분히 가능하다.

자의 고독한 감성을 자극했다는 것은 소문이 아닌 사실로 받아들여졌다.

아버지 다윗이 목욕하는 어머니 밧세바의 뒤태를 본 것은 하루 이틀의 일이 아니었다. 아버지도 그 시간에 맞추어 옥상으로 올라가는 일을 은근히 즐겼을 거다. 다윗의 수행 보좌관들이 이 사실을 모를 리가 없었다. 임금님 귀는 당나귀 귀라고 뒤에서 몰래 소문을 퍼뜨렸다는 것은 억측이 아니다. 어머니가 아버지 다윗을 유혹한 가장 큰 이유는 바로 신분 상승의 욕구였다.

인생의 파도는 사람의 의지를 넘는다

그렇게 밀애를 즐기던 중 어머니 밧세바가 아이를 가졌다. 고대 왕권의 세상에서 별것도 아닌 일이다. 하지만 감수성이 민감한 아버지 다윗은, 당신이 골리앗을 쓰러뜨린 물맷돌이 되돌아와 머리를 강타당한 느낌을 받았을 거다. 자신을 위하여 전쟁터에 나가 싸우고 있는 충직한 군인의 아내와 정을 통하고 그녀가 임신했다는 것은, 아버지의 여린 양심을 흔들어 놓기에 충분했다.

불안해진 아버지는 전쟁영웅답지 않게 치사한 작전을 구사했다. 전선에 있던 우리야를 불러 집으로 휴가를 보내준 것이다. 우직한 우리야는 왕의 군인들이 모두 전쟁터에 나가 피 흘리며 싸우고 있는데, 자신만 어떻게 아내와 잠자리를 함께할 수 있느냐며 궁궐의 문간에 누워서 잤다. 어머니의 전남편인 우리야는 그렇게 우직하고 융통성이 없는 남자였다. 여성적 매력이 넘치는 어머니와는 좀처럼 어울릴 남자가 아니었다. 자신의 계획이 실패하자 아버지 다윗은 우리야를 전선의 최전방에 보내 적의 칼에 죽게 했다. 그리고 밧세바를 정식으로 궁중에 들여 아내로 삼았다. 아버지 다윗은 자신의 죄를 감추기 위해 합법적으로 살인을 교사한 셈이다.

아버지 다윗은 어머니를 볼 때마다 원죄의 아픔이 떠올라 더 잘해주고 싶었다. 그녀의 매력에 마음이 동해 본처보다도 더 많이 침실로 불렀다. 어머니인 밧세바 역시 원죄의 아픔에서 벗어나지는 못했지만, 신분이 수직으로 상승했고 뛰어난 매력 덕분에 다윗의 특별한 사랑을 받았다. 나의 부모 두 분이 침실에서 어떤 이야기를 주고받았는지는 모르지만, 그것은 원죄를 사이에 둔 괴로운 사랑의 보상이나 타협 같은 것이 아니었을까?

그러나 이후 어머니 밧세바가 낳은 아들이 칠 일 만에 세상을 떠났다. 이 사건이 두 분에게 어떤 영향을 끼쳤는지를 상상할 수 있겠는가? 두 분 모두 '나 때문에!'라는 애절한 슬픔의 늪에 빠졌을 게 틀림없다. 아버지는 시편 51편에서와 같이 자신의 인생을 통째로 뉘우치는 고통스러운 터널을 통과해야 했다.

"내가 지은 죄가 언제나 나를 고발합니다(시편 51:3)."

아버지가 슬펐다면 십 개월을 품은 아들을 칠 일 만에 묻어야 하는 어머니 밧세바의 슬픔은 어땠겠는가? 그러나 한 국가의 왕으로서 그런 슬픔은 값싼 감상주의에 불과했다. 두 분은 슬픔을 가슴 언저리에 묻어두고 얼른 그들의 자리로 돌아가야 했다. 그리고 어머니는 다시 임신하여 나를 낳았다. 돌아보면 아버지와 어머니, 일찍 세상을 떠난 형과 나, 우리 넷은 별개의 존재가 아니다. 각자가 세상에 온 목적을 성취하려는 필연적 만남이었다.

우리보다 앞에 간 사람은 우리가 밟고 지나가야 할 다리이고, 우리 또한 뒤에 오는 사람에게 밟혀야 하는 것은 피할 수 없는 삶의 순환고리다. 이렇게 모든 사람은 시작도 끝도 없는 하나의 긴 다리로 연결되어 있다. 사사로운 것에 집착하면 전체는 안 보이고 사사로운 것만 보인다. 이 또한 지나갈 것에 삶의 승부수를 거는 어리석은 짓을 하게 된다.

다음은 내 마음에 두 개의 축이 되어, 내 삶을 움직여나간 나의 슬픈 눈동자와 나의 총명한 마음에 대해서 말하겠다.

3 슬픈 눈동자

누구나 어린 시절 비화가 있다.
신은 이 비화 안에 인간의 성장소를 심어 놓았다.

내가 태어나기 전 일어났던 이런 비화로 가장 큰 영향을 받은 사람은 바로 나였다. 사람들은 왕후의 두 번째 아들로 태어난 나를 복덩어리로만 바라봤다. 하지만 사람들의 그런 시각은 어머니가 나를 임신하였을 때, 그리고 내가 막 태어났을 즈음에, 그녀의 정서 상태가 어땠는지라는 중요한 부분을 놓치고 있다.

사람들은 화려한 겉모습만 보고 이를 부러워했을 뿐, 어머니의 정서적 상태와 이와 관련된 나의 어린 시절 따위에는 관심조차 없다. 신분과 권력을 가진 집안의 자녀일수록 소소한 행복과는 거리가 멀다는 사실을 사람들은 잘 모른다. 평범할지라도 한 인물은 절대로 그냥 존재하는 것이 아니다. 인류사에 영향을 끼친 인물이라면 더욱 그렇고 그만이 가진 슬픈 사연이 반드시 있을 수밖에 없다. 슬픔을 딛지 않고 인생의 단계에 오르는 법은 절대 없기 때문이다.

엄마의 가슴에 묻어둔 죄책감은 오랫동안 엄마 정서의 일부가 됐다. 어머니의 가슴에서 젖을 빨던 나는 어머니의 불안정한 정서도 그대로 내 것으로 빨아야만 했다.[4] 어머니는 나를 낳고 나서 무의식에 묻어둔 죄책감이 올라왔을 거다. 나에게 젖을 물리며 자신의 욕망이 원인이 되어 세상을 떠난 나의 형과 전남편을 생각하며 괴로워했을 게 틀림없다. 내 성격의 기초가 형성되는 중요한 시기에 어머니는 형의 엄마였고 전남편의 아내였고, 왕의 아내였으며 일부만 나의 엄마였다. 그런 어머니를 의존해야 했던 나는 유아기부터 무의식 안에 '슬픔'을 쌓아 두어야 했다.

---

4 현대정신분석 이론에 의하면 신생아는 엄마의 정서 상태에 많은 영향을 받으며, 그것이 성격의 기초가 된다. 솔로몬이 엄마에게 받은 우울한 성향은 솔로몬이 깨달은 '헛됨의 지혜'의 모판과 같다.

엄마의 눈동자에서 시작하는 인생공부

내 의식에 남아있는 최초의 엄마 눈빛은 자애로움이 아니라 슬픔이었다. 나는 자주 엄마의 슬픈 눈동자를 바라봐야 했고 그때의 기억은 너무나 생생하다. 세상만사에서 즐거움보다 슬픔을 더 크게 보는 나의 성향도 거기서 기인했다. 나중에야 엄마의 눈동자 안에는 낳은 후 칠 일 만에 세상을 떠난 형이 있었다는 것을 알았다. 가끔은 최전선에서 적의 무차별한 공격을 받고 피를 흘리면서 쓰러진 전남편도 있었을 거다. 나는 엄마의 슬픈 눈동자와 차마 눈 맞춤을 할 수가 없어서 눈길을 돌렸다. 그럴 때마다 엄마가 나를 떠나는 것 같아 불안했다.[5] 유년기의 나는 엄마의 돌봄을 받았다기보다는 엄마의 마음에 드는 짓을 하며 슬픈 엄마를 돌봐 드려야 했다.

---

5 대상관계 심리학자인 페어베언(William Ronald Dodd Fairbairn)은 유아의 가장 큰 불안은 분리불안이라 했다. 솔로몬에게 있어서 이런 분리불안은 허한 감정을 만들어 냄과 동시에 새로운 대상, 즉 새로운 지혜를 찾아나서는 원동력으로 작용했을 것이다.

글을 읽고 쓰기를 시작해서도 나는 반사적으로 엄마의 눈 속에 담긴 슬픔을 확인하는 아이가 됐다. 그때의 절망감은 한 마디로 '헛되다'였다. 엄마는 그 슬픔을 내게 주지 않으려고 많은 노력을 했겠지만, 나는 엄마의 노력보다는 엄마의 감정 상태에 더 많은 영향을 받았다. 내가 쓴 것으로 기록된 전도서의 핵심 주제가 '헛되다'이다. 엄마의 슬픈 눈동자가 있었기에 헛됨의 지혜를 세상에 내놓을 수 있었다.

인생을 살아가는 데 필요한 것, 즉 나로 사는 데 필요한 것의 기초는 유년기의 엄마 품에서 배운다는 것은 3,000년 전에도 상식이었다. 그러나 초기 성장환경은 아동의 선택으로 결정되는 것이 아니다. 성장환경을 불평해 봐야 얻을 수 있는 것은 없다. 그러니 엄마는 나에게 미안할 필요가 없다. 우리는 각자가 걸어야 할 운명의 길에서 최선을 다했다.

창조는 슬픔의 고개를 넘어 있다

엄마는 수직으로 상승한 신분의 영화를 누리며 슬픔은 서서히 옅어졌지만, 내 어린 시절에 본 엄마의 슬픈 눈동자는 곧 나의 슬픈 눈동자가 되고 말았다. 슬픈 눈동자는 나를 제국의 왕이라는 두꺼운 페르소나의 탈출구가 되어주었다. 인생의 문제를 내 안에서 찾게 해줬다. 슬픈 눈동자라고 해서 세상을 무조건 슬프게만 보는 것은 아니다. 창조적 슬픔이라고 할까. 슬픈 눈동자는 어떤 좋은 것도 지나치게 좋게 만들지 않게 하여 생을 관조하게 했고, 어떤 나쁜 것에서도 광채를 찾아내게 했다.

내가 허무주의자이면서도 초월주의자인 이유는 현상의 것을 넘어 보는 내 슬픈 눈동자의 직관 때문이었다.

"전도자가 말한다. 헛되고 헛되다. 헛되고 헛되다. 모든 것이 헛되다."

이것은 내 슬픈 눈동자가 깨닫게 해준 위대한 지혜이다.

4 총명한 마음

신은 하나는 주고 다른 하나는 주지 않는다. 그러면서
마음의 균형을 유지시킨다. 다 가진 것은 하나도 가지지
못한 것이다.

나의 슬픈 눈동자 맞은편에는 총명한 마음이 있었다.
이 둘은 의식과 무의식을 서로 번갈아 오갔지만, 주로 전
자는 무의식 후자는 의식이었다. 나는 구도자가 아니라
제국의 제왕이니 마땅히 그래야 했다.

제왕 시대에는 아들이 아버지의 사랑을 곁에서 받는
일은 거의 없다. 제왕은 가족 간의 사사로운 정에 빠져
있을 시간이 없었고, 그것은 국왕의 역할을 유기하는 것
이나 다름없었다. 아버지는 왕자들의 능력이나 사람 됨
됨이를 주로 궁중 교사들에게 들었다.

아이는 부모의 감성과 지성을 선택해서 세상에 온다

자녀의 지능지수나 감정지수는 일차적으로 부모로부터 많은 영향을 받는다. 총명하기로 따지면 아버지와 어머니 같은 사람이 어디 또 있을까? 순수하고 민감한 감정을 지녔으면서도 용기와 총명을 겸비한 아버지, 뛰어난 여성적 매력이 있으면서도 계략가인 어머니. 나는 어린 시절부터 이성적이어야 했고, 정서적 욕구가 미처 채워지기도 전에 총명해야 했다. 경쟁에서 뒤처지는 것을 못 견디는 나는 형들을 누르고 총명한 왕자, 총명한 솔로몬이 됐다. 아니 돼야 했다. 혈육의 애정보다는 왕자의 품위를 중요시해야 했던 나는 엄마를 2m 밖의 거리로 떨어뜨려야 했고 그것은 나를 위한 어머니의 의도였다.[6]

2m는 남남이라면 가까운 거리지만, 모자 관계라면 먼 거리다. 어머니가 나를 사랑하는 방법은 나를 아버지의

---

6 자기실현 욕구가 강한 엄마는 자녀와의 정서적 관계에 무능하다. 그녀는 모성의 자애로움을 자녀에게 주기보다는, 자녀를 성공시키는 것을 자녀양육의 목적으로 삼는다. 이것도 모성 콤플렉스의 일종이다.

뒤를 이은 이스라엘의 왕으로 만드는 일이었다. 엄마에게 정이니 모자의 애착 관계이니 하는 것들은 사사로운 감정에 불과했다. 엄마의 자기애는 나를 왕으로 만들고 자신은 왕의 엄마가 되는 거였다. 나를 거기에 맞게 통제하기 위하여 2m의 거리가 필요했다. 유년기의 나는 2m의 거리가 좁혀지기를 얼마나 원했는지, 내 슬픈 눈동자는 엄마의 사랑을 얼마나 목말라했는지 말하고 싶었지만, 총명한 마음에 양보해야 했다.

나와 엄마의 정서적 거리

내가 이성적 사고를 시작할 무렵인 3살 이후로 기억한다. 나는 허전한 2m의 거리를 좁히려 엄마에게 찡얼거리고 떼를 썼다. 엄마는 마치 내가 해서는 안 되는 행동을 하는 것처럼 와들거렸다. 엄마는 나의 비합리적인 떼를 합리적인 자기주장으로 바꿔 주었다.

"솔로몬, 네가 원하는 것이 무엇인지 분명히 말할 수 있어야 해. 이런 행동으로는 아버지의 총애를 받을 수 없어."

나는 한 번이라도 이유를 묻지 않고 엄마가 나를 안아주기를 얼마나 원했는지 모른다. 하지만 돌아오는 것은 엄마의 싸늘한 반응이었고, 나는 엄마에게서 더 멀어질 것이 두려워 총명한 아들이 되어야 했다. 만일 엄마가 내 어리광을 넉넉히 받아주었다면, 나는 어린 이성을 즐겼을 것이고, 왕위 경쟁에서 밀려났을 거다. 어쩌면 엄마의 치밀함에 아버지의 감수성을 더한 위대한 예술가가 됐을지도 모른다. 아니면 권력의 암투 같은 것에는 일찍부터 거리를 두고 후학을 양성하는 학자로 살았을지도 모른다. 뒤돌아보면 그것도 내가 원했던 나의 삶이었다는 생각이 든다. 사람은 자기의 삶을 완성하기 위한 최적의 조건에서 태어나니까 말이다.

엄마는 왕의 아내에서 왕의 엄마로 가는 당신의 시간표에 나를 불러들였다. 나는 엄마가 원한 신동의 과제를 잘해냈다.[7] 엄마를 기쁘게 해드리기 위한 야심이었지만, 나이가 들면서 그 야심은 곧 나의 야심이 됐다. 나는 그 대가로 내 안의 허전함을 수시로 만나야 했다. 엄마의 말대로, 엄마가 살아온 대로 그런 감정들은 다 쓸데없는 것들이라 생각하며 잊으려 했다. 나의 총명은 왕위계승의 자리를 선점하기에 충분했다. 그렇게 내 슬픈 눈동자는 무의식의 언저리에 서서히 밀려나 잊혔다.

이렇게 해서 내 안에는 슬픈 눈동자와 총명한 마음이라는 두 개의 서로 다른 것들이 자리를 잡았다. 이 둘은 서로 갈등하거나 협력하고, 생의 중요한 전환점에서는 어느 하나가 반란을 일으키며 내 인생을 만들어 갔다.[8] 전

---

7 정신분석학자 위니캇(Donald Winnicott)에 의하면 이를 '거짓 자기(false self)'라고 한다. '거짓 자기'는 주 양육자가 아동에게 만족스러운 돌봄을 주지 못할 경우에, 아동이 주 양육자에게 순응함으로써 인정을 받아내는 것을 말한다. '거짓 자기'는 지능에도 작용해 뛰어난 인지능력으로 나타날 수 있으나 그 속은 '텅 빈 소라껍데기'처럼 공허하다.

8 동양철학에 의하면 슬픈 눈동자는 음, 총명한 마음은 양이라 할 수 있다. 솔로몬의 내면을 이렇게 보는 것은 저자의 심리학적 상상력이지만, 전도서에 나타난 그의 사상을 보면 충분히 연관성이 있다. 당시의 교통과 통신 그리고 번역 능력으로 보아 솔로몬이 중국 고전인 사서삼경 중에 하나로서 기원전 3,000년경의 신화적 인물인 복희의 사상에 뿌리를 둔 〈역경〉을

자는 여성적, 과거지향, 감성적, 반성적, 신비적이었고 후자는 남성적, 미래지향적, 이성적, 진취적, 현실적이었다.

이 둘은 내 영혼에 희망의 송가를 불러줬고 절망의 장송곡도 불러줬다. 희망과 절망은 본래 하나에서 온 것으로 서로 다르지 않다는 것을 인생 후반에 가서야 알았다.

읽었을 리 없다. 하지만 솔로몬의 순환적 사상은 우주와 인생의 원리를 음양으로 풀어가는 〈역경〉의 세계관과 유사한 측면이 있다.

5 누구나 두 개의 이름을 가지고 있다

인생은 부모가 지어준 이름을 내가 지어준 이름으로 바
꾸어 나가는 긴 학습과정이다.

나의 이름에 대해서 꼭 하고 싶은 말이 있다. 어느 한
가한 시간에 궁중 역사를 기록하는 서기에게 내 이름에
관한 입장을 길게 서술한 적이 있다. 나와 가까이 있어서
나를 잘 알았고, 내 말을 기록한 서기는 내 말에 충분히
공감하는 눈빛이었다.

나를 이상적으로만 보는 사람들은 그들이 원하는 것
들을 나에게서 보려 했고 이는 대중심리를 형성했다. 대
중심리는 대중의 욕구를 반영하고 있다. 그들은 나에게
이스라엘의 평화를 단단히 구축해줄 솔로몬 왕이기를
요구했다.

자기 이름을 자기가 짓는 사람은 없다. 내 이름 역시 아버지의 소망이 고스란히 담겨 있다. 솔로몬은 히브리어로 샬롬, 곧 평화를 의미한다. 아버지는 들판에서 양을 치고 하늘의 별을 노래하는 낭만적 목자이셨다. 어쩌다 운명이 그리 흘러갔는지, 그만 전쟁터에 나가 싸움을 일상으로 삼는 무관이 돼버렸다. 사람들은 아버지를 영웅으로 치켜세웠지만, 근접거리에서 칼과 창으로 사람을 피 흘려 죽게 하는 일은 정말 괴로운 일일 수밖에 없다. 성경에 '사울은 천천, 다윗은 만만'이란 말이 나온다. 전쟁터에 나가 사울은 천 명을 죽였다면 다윗은 만 명을 죽였다는 뜻이다. 아버지는 당신이 죽인 적의 수만큼 심리적 외상이 생겼다. 현대 심리학자나 정신의학자들에게는 당연한 일인, 아버지 다윗의 심리적 외상을 성경을 읽는 경건한 사람들은 헤아리지 못한다.

아들은 아버지의 삶을 이어나간다

전쟁이 끝나면 다수의 참전 병사들은 심리적 외상을 입는다. 감수성이 예민한 아버지는 더 하셨을 거다. 아버지는 당신이 죽인 적들이 집단으로 몰려와 당신에게 보복하는 꿈을 자주 꾸셨고, 그럴 때마다 한밤중에 비명을 지르셨다. 온몸에 땀을 주르륵 흘리셨고, 헛소리도 하셨다. 다시 잠드는 일은 여간 괴로운 일이 아니었다. 아버지는 이렇게 뜬눈으로 밤을 새운 적이 많았다. 아버지가 강박증 환자처럼, 편집증 환자처럼 하나님께 매달린 것은 장기간 전쟁에 참여하여 생긴 죄책감과 두려움 때문이었다. 아버지는 전쟁으로 영웅이 됐지만, 진심으로 평화를 원했던 분이었다.

아버지의 인생은 파란만장했지 안정적이지는 않았다. 오랜 세월을 전쟁터에서 적들과 대치하며 살아야 했고, 평화의 시기에는 무의식에 억압된 마음의 적들과 나머지 전쟁을 치러야 했다. 일찍부터 부모와 떨어져 들로 나가 양치는 목자가 된 아버지에게는 위로가 필요했다. 사람의 마음을 간파하는 데 뛰어난 능력이 있는 어머니는 아버지를 위로하는 방법을 알았다. 아버지에게는 어머니가 꼭 필요했다. 어머니는 아버지의 총애를 충분히 받을 만했다. 두 분의 만남은 필연이다.

아버지의 무용담은 영웅 이야기

왕의 일과를 마치고 해 질 무렵에 아버지는 가끔 왕자들을 부르셔서 당신의 과거사를 이야기해 주셨다. 그 시간에 아버지는 일국의 왕이 아닌 평범한 아버지였다. 그 시간이 얼마나 즐거웠던지 우리 형제들은 아버지의 호출을 애타게 기다리곤 했다. 형들은 아버지와 함께 하는 자체를 즐겼고, 총명한 마음을 가진 나는 아버지의 이야기를 귀담아들었다. 군 지휘관인 아버지의 무용담은 무협 소설이라 할 만큼 놀라운 내용이 많았다. 아버지의 무용담이 절정에 이를 때 아버지의 얼굴은 붉어지며 입술은 떨렸고, 심장의 고동 소리가 불규칙해지다가 말까지 더듬거렸다. 마치 그때의 공포 속에 다시 빠져드는 것처럼. 다른 형제들은 마치 전쟁동화를 읽어주는 아버지의 연기력에 빠졌지만, 나의 슬픈 눈동자는 아버지의 괴로운 심정을 읽어냈다.

아버지는 전성기에 갑옷을 입고 칼을 허리에 차고 동굴에서 잠을 청해야 하는 날이 많았다. 그럴 때마다 고향의 푸른 잔디를 그리워했다. 하늘의 별과 달과 해와 구름을 보고 시를 읽고 짓고, 수금을 타고 노래를 부르던 어린 시절을 그리워했다. 사람을 죽이지 않아도 되는 목자의 삶을 동경했다. 비록 몸은 전쟁터에 있었지만, 마음은 고향의 푸른 목장에 머물렀던 아버지는 평화주의자였다.

아버지는 당신의 소망을 나에게 물려주고 싶어 했다. 칼이 아닌 평화의 지휘봉을 물려주고 싶으셨다. 아버지는 기다렸다는 듯이 나의 이름을 솔로몬, 곧 평화라고 지어주셨다. 슬픔 중에 낳은 아들이라 평화에 대한 염원은 더 컸다. '솔로몬'은 아버지가 형들에게 주지 않고 나에게 주려고 감추어 놓은 이름이었다. 하나님은 인간의 간절한 소망 안에서 구체화하시는 분이니, 성경은 그냥 하나님이 주신 이름이라고 기록하고 있다.

드디어, 내 안의 갈등을 인식하다

어린 시절의 나는 내 이름을 '헤벨'로 하면 어떨까, 생각하곤 했다. 히브리어로 헤벨은 공허, 즉 속이 텅 빈 상태를 말한다. 내가 전도서의 후렴에 늘어놓은 '헛되다'는 바로 '헤벨'이다. 나의 겉은 총명이지만 속은 공허하다. 나의 공허는 궁중의 다양한 의식에 숨겨져 존재를 드러내지 못했다. 사람들은 솔로몬만 알았지, 내 안에 헤벨은 상상도 못 했고 알려고도 하지 않았다. 나를 자신들의 소원인 평화의 화신으로 만드는 데에 열과 성의를 다했다. 내 지혜는 헤벨로 더 깊어졌다. 누구 한 사람이라도 이런 속마음을 알아줬으면 좋겠다는 생각을 얼마나 많이 했는지!

나의 의식은 총명한 마음으로 솔로몬을 키웠고, 무의

식은 슬픈 눈동자로 헤벨을 키웠다. 양자의 갈등과 충돌 그리고 협상으로 내가 됐다. 불리는 이름은 그다지 중요하지 않다. 불리는 이름의 단짝은 이면에 있는 또 다른 이름이다. 누구나 두 개의 이름을 가지고 있다. 모르고 있거나 알려고 하지 않을 뿐이다. 내 이름은 솔로몬, 그리고 헤벨이다. 사람은 각자의 이름에 담긴 아버지의 소망을 찾아내고, 그 뒤로 가려진 내가 나에게 지어줘야 할 이름을 찾아내야 한다. 그래야 비로소 '자기'가 된다.

6 너 자신이 되어라

> 종교의례는 껍데기를 깨고 알맹이로 들어가는 상징체계이다. 의례 자체가 목적이 되면 알맹이는 더 깊이 숨는다.

경건한 사람이 나를 기억할 때에 떠올리는 대표적인 행적은 왕위를 물려받은 후에 드린 일천 번제다. 번제는 짐승의 가죽을 벗겨 통째로 태워 그 냄새가 하늘로 올라가 하나님의 코를 기쁘게 해드린다는 고대 종교의식의 하나였다. 제물로는 흠이 없는 수송아지, 숫양, 숫염소였다. 지금이야 동물 학대도 그런 동물 학대가 없겠지만, 그때는 하나님과 인간의 관계 회복을 위한 자극적이고 강렬한 의례였다.

내가 드린 일천 번제는 짐승을 단번에 일천 마리 잡아 드렸다는 것이 아니고, 그렇다고 하루에 한 마리씩 일천 일을 드렸다는 것도 아니다. 당시의 의례에 따라 일천 마리를 드렸다. 내 몸에도 피가 흐르는데 애매한 짐승을 피 흘려 잡고 가죽을 벗기고 그것을 불태우는 일은 정말 괴로웠다. 나는 의심을 통해서 어떤 진리에 이르는 사람이다. '이런 의례가 과연 하나님을 기쁘게 해드릴까?' 하는 의심이 왜 없었겠는가?

종교의례의 허와 실

나는 아버지처럼 왕국에 현격한 공이 있어서가 아니라, 후계자로 지명되어 왕이 된 사람이다. 정통성이 있어야 했다. 나의 어머니를 비롯한 충신들은 다윗의 신앙에서 정통성을 찾아야 한다며 매우 특별한 종교의례를 제안했고, 나는 그것을 기꺼이 받아들였다.

나는 거의 매일 기브온 산당에 나가서 제사장의 집례로 번제를 드렸다. 살려고 발버둥 치며 울부짖는 짐승 소리, 이어지는 기분 나쁜 피비린내, 태우면서 점점 고약해지는 노린내. 어떻게 이런 의례가 지고하신 하나님과 관계 회복을 위한 의례가 됐는지 의문이 들고 당장 뛰쳐나가고 싶을 때가 한두 번이 아니었다. 나는 국왕으로서 전통을 중요시하면서도, 그 전통을 깨고 새로운 것을 향해서 뛰쳐나가고 싶은 욕망으로 가득 찬 사람이었다.

번제에서 중요한 것은 흠 없는 짐승으로 상징되는 흠 없는 사람의 마음이었다. 마음이 중요했다. 그러기 위해서 최상급의 동물을 죽여야 하는 의례를 내 총명한 마음은 받아들이기 힘들었다. 어쩌다 한 번이면 종교적 두려움도 들겠지만, 일천 번제를 드린다고 생각해 봐라. 그것은 괴로운 일이다. 그러나 나는 종교적 전통에 충실해야 하는 왕의 통과의례로 생각하고 잘 견뎌내고 있었다.

그러던 어느 날, 번제물이 되려고 산당 일꾼이 끌고 가는 수송아지의 왕방울 눈동자와 나의 눈동자가 마주쳤다. 그 눈동자에서 모든 것을 포기하고 체념하고 절망한 한 영혼의 눈동자를 봤다. 수송아지는 자기가 희생 제물이 된다는 것을 이미 알고 있는 것 같았다. 수송아지는 나에게 살려달라는 신호조차 보내지 못하고 있었다. 내 눈에는 눈물이 고였고, 수송아지의 눈에도 눈물이 고였다. 나는 무의식적으로 '그만'이라고 외쳤다. 제 일에 능숙한 산당 일꾼은 내 목소리를 들었는지 못 들었는지, 나에게 눈길 한 번 주지 않고 능숙하게 자기 일을 처리하고 있었다.

거룩한 죄의식

나는 송아지의 눈에서 내 유년기에 어머니의 슬픈 눈동자가 드리워져 있는 것을 봤다. 그 순간 어머니의 죄책감이 어떤 것인지를 알 수 있었다. 아마도 내 욕망을 위하여 애매한 짐승을 희생시켜야 하는 지금 내 마음과 같았겠지. 나를 위하여 누군가를 대신 죽이는 괴로운 심정, 남들은 번제에서 죄를 용서받는다는데, 나는 오히려 죄의식이 더 깊이 느껴졌다. 동물은 기본적 생존 욕구만 보장되면 더는 욕심을 내지 않는다. 인간의 욕망은 끝이 없다. 선한 동물이 이기적 인간의 희생물이 되고 있었다. 나는 짐승이 통째로 불태워지듯이, 욕망의 불을 통째로 지피고 싶은 나의 이기적 욕망을 똑똑히 봤다. 나에게 일천 번제는 짐승을 통째로 받고 흐뭇해하는 하나님에 대한 흠모가 아니었다. 인간의 이기적 욕망을 깨닫게 해준 의례였다.

사람들은 거의 매일 산당에 오르내리는 나를 보고, 내가 무슨 전능자의 위대한 능력을 받아 이스라엘을 부국 강화해 줄 것이란 기대를 했을 거다. 죄 없는 가련한 짐승이 하늘의 연기로 사라져 가는 과정을 지켜보며, 내가 이기적 욕망의 바닥을 헤매고 있는 줄은 꿈에도 생각 못했을 거다. 이상한 일이 일어났다. 욕망의 광야를 헤맬 때마다 내 욕망은 차근차근 정화됐고, 나 자체가 보였다. 내가 깨달은 진정한 번제의 의미는 '너 자신을 알라'였다.

나는 인간 실존에 대한 구원자로 하나님을 찾았다. 나는 당대 최고의 학문을 섭렵했고, 철학과 문학을 아는 사람이다. 들에서 양을 치다가 무관이 되어 인기를 얻은 다음 왕이 된 아버지처럼 단순한 신앙을 가지기에는 나는 아는 것이 너무 많았다. 내 크기의 신앙을 가져야 했다. 하나님의 선물이 아니라 하나님 자체를 찾아 나선, 나의 영적 순례의 화두는 '허무'였다. '세상은 여전히 같은 일들이 반복해서 일어나고(전도서 1:9)', '결국은 바람을 잡으려다 실패한 인생이 되어 온 곳으로 돌아갈 텐데(전도서 1:14)'.

나의 슬픈 눈동자가 밑바닥으로부터 외치는 소리, 그 소리는 산당에서 제사 드리는 나를 자주 우울하게 만들었다. 시간이 흐르니 이 우울 또한 지나갔다. 우울증에 대한 최고의 처방은 시간이다. 하나님이 인간에게 우울증을 주시는 것은 지나간 것들을 정화하기 위함이다. 승리 직후에 우울함이 단골로 찾아오는 것은 승리의 흥분에 도취하지 말라는 의미이다.

나만큼만 존재하면 충분하다

소란한 궁궐을 떠나 기브온 산당으로 오르는 길은 나에게 영적 순례의 길이었다. 나는 그 길을 걸으며 내 머릿속의 온갖 잡념을 들추어냈고, 평온한 마음을 되찾곤 했다. 갑자기 아버지의 유언이 생각났다.

"나는 이제 세상 모든 사람이 가는 길로 간다. 너는 굳세고 대장부다워야 한다(열왕기상 2:2)."

대장부는 아버지의 자화상이었다. 나는 아버지의 유언에 따라 나도 아버지 같은 왕이 되어야 한다는 강박이 있었다. 번제를 드리려고 산길을 오르고 내리는 중에 아버지의 유언은 나에게 맞게 재해석됐다. '너만의 대장부가 되어라!' 아버지 같은 대장부가 아니라 나만의 대장부가 되는 것이 진정한 아버지의 유언이라는 확신이 들었다.

힘든 일이 있으면 무조건 걸어라. 사람의 몸은 본래 걷게 돼 있다. 걸음은 인생의 답을 준다기보다 의문을 없애

본래의 자기로 살아갈 용기를 준다. 그 순간, 왕의 직무 수행에 대한 불안이 사라졌다.

'누가 뭐래도, 나처럼 하면 되잖아, 나처럼… 지고하신 분은 나에게 아버지가 아니라 나를 원하셔.'

일천 번제가 내게 준 큰 깨달음이었다. 그럼, 어떻게 하면 나는 내가 될 수 있을까? 그러던 중에 내 인생의 등대가 돼준 신성한 체험을 했다. 모든 것이 다 지나가도 절대 지나가지 않는 신성한 체험. 거기에 내가 있었다.

7 꿈(Dream)은 인생의 이정표이다

꿈이라고 하기에는 너무 생생한 소리, 그 소리를 경청해
야 참된 자기를 만난다.

지금부터 내가 어떻게 이성의 한계를 넘은 초월 이성
을 체험했는지 말하려 한다. 그때 나는 전혀 예상치 못
한 황홀함과 두려움에 사로잡혔다. 그 체험은 언어로 표
현하면 할수록 언어의 한계를 느끼게 했다. 말하면 말할
수록 본래 체험은 퇴색하는데, 그래도 말해야 하는 것이
체험자의 의무다.[9]

---

9 황홀하면서도 두려움을 동반한 종교적 체험을 독일 신학자 루돌프 오
토는 누미노제(Numinose) 체험이라 했다. 누미노제는 라틴어 누멘
(Numen)에서 나온 말이고, 누멘은 아직 명확한 모습을 가지지는 않았으
나 근원적인 힘을 말한다.

일천 번제가 거의 끝날 즈음에 나는 매우 지쳐있었다. 평소의 나답지 않게 초이성적인 것들에 열망을 가졌다. 일천 번제를 마치면 나는 진짜 왕이 되는 거다. 이제 본격적으로 왕의 통치를 시작해야 한다. 나의 능력은 시험대에 오른다. 나는 아직 풋내기 왕, 하고 싶지 않은 일도 국가를 위해서 해야 한다. 나는 두려웠다. 혼자 버려진 느낌이었다. 어린 시절부터 알고 있었고 내 앞에서 고개를 숙인 나이 든 신하들은 전부 나의 적과 같았다.

먼저 나의 왕위를 반대한 사람들을 숙청부터 해야 한다. 그것은 통과의례처럼 꼭 해야 한다. 이상은 이상이고 현실은 현실이다. 반대자들은 갓 20살 된 나를 밀어낼 음모를 꾸미고 있다. 곧 있으면 나는 임관을 마치고 전선으로 투입되는 지휘관이 돼야 한다. 산당에서 이런저런 걱정을 하다가 그만 깜빡 잠이 들고 말았다.

바로 그때, 내 앞에 찬란한 빛이 나타났다. 그 빛이 말을 걸었다.

"내가 너에게 무엇을 주기를 바라느냐? 나에게 구하여라(열왕기상 3:5)."

나는 그 빛에 휩싸여 빛의 일부가 되는 것 같았다. 한 번도 경험하지 못한 황홀경이었다. 원하는 것을 받지 않아도 좋으니 그냥 이대로 시간이 멈췄으면 좋겠단 생각을 했다. 물 한 방울에 불과한 내가 거대한 바다에 합쳐지는 느낌이었다. 이성의 한계에 갇혀있는 내가 이성의 한계를 넘어선 것 같았다. 현실보다 더 생생했고, 영원이 시간에 침투해 들어오는 신성한 꿈이었다.

나는 무엇을 구해야 하나? 선왕이 생각났다. 선왕이라면 지금 나와 하나님 사이의 중보자가 되어 주실 거라 믿었다. 아주 짧은 순간에 나도 모르게 선왕을 칭송하는 기도를 했다. 아버지를 의존하고 싶었다. 나에게도 아들로서 아버지를 의존하고 싶었던 욕구가 있었다니…, 다른 평범한 아들처럼.

"주님께서는, 주님의 종이요 나의 아버지인 다윗이, 진실과 공의와 정직한 마음으로 주님을 모시고 살았다고 해서, 큰 은혜를 베풀어 주시고, 또 그 큰 은혜로 그를 지켜주셔서, 오늘과 같이 이렇게 그 보좌에 앉을 아들까지 주셨습니다. 그러나 주 나의 하나님, 주님께서는, 내가 아직 어린 아이인데도, 나의 아버지 다윗의 뒤를 이어서, 주님의 종인 나를 왕이 되게 하셨습니다. 나는 아직 나가고 들어오고 하는 처신을 제대로 할 줄 모릅니다(열왕기상 3:6-7)."

지혜는 잘 듣는 것이다

아버지의 원대로 평화의 왕이 되기 위하여 나에게 필요한 것이 무엇일까? 나는 얼른 '지혜로운 마음(열왕기 3:9)'이라고 말했다. 지혜로운 마음은 '듣는 마음'을 말한다. 독재자는 호령으로 말하고, 평화의 왕은 겸손히 듣는

다. 통치자의 걱정은 자기 욕망 때문에 오는 것, 백성의 말을 듣기로 작정한 왕이라면 가장 강한 왕이 될 수 있다. 정치인의 백서는 한 문장이면 족하다.

'백성의 말을 들으라!'

나는 빛이 나에게 들려주는 소리를 또박또박 들었다.

"네가 스스로 생각하여 오래 사는 것이나 부유한 것이나 원수 갚는 것을 요구하지 아니하고, 다만 재판하는 데에, 듣고서 무엇이 옳은지 분별하는 능력을 요구하였으므로, 이제 나는 네 말대로, 네게 지혜롭고 총명한 마음을 준다(열왕기상 3:11-12)."

인간의 동물적인 욕망은 개인주의 혹은 가족주의로 나타나고, 가장 아름답고 성숙한 욕망은 타인의 욕망을 존중하는 것으로 나타난다. 재판하는 능력이라고? 당시에 왕은 대법원장과 같은 존재로 재판하는 능력이 크게 요구됐으나, 그것은 부수적인 능력에 불과했다. 부수적인 것을 백성을 위하여 구한 것이다.

가장 크신 존재에게 기껏 듣는 마음을 구한 것은 너무

낭만적이지 않은가? 의문을 가질 수 있다. 그러나 꿈은 속일 수 없는 것, 그것은 나의 진실이었다. 후에 나는 욕망을 이루려고 백성을 강압했지만, 내 마음 깊은 곳에서 정말 원했던 것은 타인을 위하는 '낭만적 지혜'였다. 꿈에서 만난 위대한 분은 그런 능력을 주겠다고 했다. 내가 노력해서 조금씩 얻는 것이 아니라, 그냥 주겠다고 했다. 아니, 이미 내 안에 그런 능력이 있다는 것을 느끼게 해 줬다. 나는 그 능력을 사용만 하면 된다. 나는 이 꿈속에서 깨어나지 않기를 원했다. 꿈이 아니라 실제였다면 얼마나 좋았을까![10]

꿈은 시간과 공간의 제한을 받지 않는 세계다. 꿈은 자아가 원하는 대로 꾸는 것이 아니다. 자아보다 더 큰 힘으로 꿔진다. 누구든 꿈의 의미를 분별하여 교훈으로 삼으면 인생의 큰 지침이 된다. 개꿈이라고 무시하지 마

---

10 사람들은 생의 중요한 변환기에 인생의 이정표와 같은 꿈을 꾼다. 그 꿈은 그가 가야 할 길을 상징적으로 보여주어 그에게 용기를 주고 격려한다. 이를 큰 꿈(big dream)이라고 한다.

라. 개꿈은 꿈에 개가 나오는 것으로, 당신은 개가 전하는 소리를 잘 들어야 한다.

나는 일천 번제 막바지에 꾼 꿈을 결코 잊을 수 없다. 나 역시 욕망과 고단한 삶에 치여 그 빛을 멀리하기도 했지만, 그 빛은 나를 멀리하지 않았다. 나는 그밖에 다른 꿈을 통해서도 많은 지혜를 터득했고, 그것들은 나의 지혜서인 전도서에 잘 녹아 있다. 꿈은 꿀 때가 있으면 반드시 깨어날 때도 있다.

나의 벗들이여, 지금은 덧없는 것들의 꿈에서 깨어날 때다. 현재 있는 것의 풍요를 아는 것은 욕망에서 해방되는 것이다. 태양빛에 휩싸여 있음을 느끼고, 후각으로 꽃의 향기에 취해보라. 산들바람을 촉각으로 느끼고, 음식물을 미각으로 천천히 느껴봐라. 지금 가장 가까이 있는 사람이 나의 형제이고, 그를 사랑하는 것이 최고의 사랑임을 믿어라. 바로 그곳이 헛된 욕망의 꿈에서 깨어난 곳이다. 이 세상에 그곳보다 더 충만한 곳은 없다.

8 인생의 복선은 미래 대비가 아니라 현재를 살게 한다

앞서가는 사람은 자기를 사랑하지 못하고 자기의 욕망을 사랑한다.

내가 행한 첫 번째 지혜로운 재판으로 '창녀의 친자 소송사건(열왕기상 3:16~27)'이 언급된다. 두 여인이 한 아이를 데리고 와서 서로 자기 아이라고 우겼다. 양쪽 이야기를 잘 듣고, 정말 잘 듣고 내린 판결은 아이를 칼로 반으로 잘라 나누어 가지라고 했다는 거다. 생모는 아이가 죽는 것을 차마 볼 수 없어서 차라리 친자를 포기했고, 거짓 엄마는 그렇게 하자고 했다. 누가 친엄마겠는가?

사실 이 이야기는 내가 행한 재판이라기보다는 당시 널리 퍼져있던 우화였다. 성서 편집자가 이 우화를 내 것으로 만든 것은 '신의 한 수'라고 해야 할 것이다. 우화는 사실은 아니지만, 진실을 담고 있다. 또한, 나의 지혜가 어떤 것인지 바로 보여주고 있다.

첫째, 나는 백성의 말을 잘 듣는 마음을 가졌다. 둘째, 상대방이 자기를 돌아봐 스스로 결정하게 했다. 셋째, 진정한 휴머니스트를 꿈꾸었다. 나는 인간의 곤란한 문제를 하나님께 위임해 하나님을 피곤하게 해드리는 일을 하지 않았다. 인간의 자유의지를 십분 활용했다.

성서를 문자대로 읽지 말라

성서의 첫 번째 독자인 히브리인은 성서를 문자 그대로 읽지 않았다. 그들은 객관적이고 역사적인 사실보다는 문자가 말하려고 하는 진리에 더 많은 관심을 가졌다. 저 재판기록을 처음 읽은 히브리인들은 사건의 역사적 사실 여부가 아니라, 그 사건을 통해서 보여주는 나 솔로몬의 진실에 관심을 가졌다. 똑똑한 현대인은 신화와 옛이야기가 역사성이 없다고 버렸지만, 신화와 옛이야기에는 인간의 깊은 무의식이 반영된 것으로 인생의 로드맵이 있다. 경전은 문자로 기록됐지만, 문자를 넘어야 진정한 의미를 밝힐 수 있다.[11]

재판을 받은 여성은 창녀였다. 당시 여성과 아이들은 남성의 재산목록에 기재될 정도로 인권이 존중되지 않았다. 게다가 창녀라면 어떻겠는가? 그들이 낳은 아이는 누가 아버지인 줄도 모르는 하찮은 존재였다. 고대 근동 최강국의 왕이 그런 하찮은 일에 재판관이 되어주는 것은 정말 어울리지 않는다. 그러나 나는 달랐다.

나에게는 흙수저의 피가 흐르고 있다. 나의 어머니는 아버지 다윗의 아내가 되기 전에 일개 군인의 아내였고 나는 어머니의 슬픈 눈동자에서 서민들의 솔직하고 애절

---

11 신화를 문자 그대로 사실로 믿거나, 신화라 하여 폐기하려는 두 가지 의견은 신화가 본래 말하려는 것을 잃는다. 전자는 해석학의 발전을 차단하고, 후자는 종교의 신성한 면을 차단한다. '성서의 역사적 연구'는 성서가 말하려는 본래 의미를 되찾으려는 시도여야 한다. 그리고 종교 심리학자들은 역사성이 의심되어 폐기된 종교적 신화의 의미를 재구성해야 한다.

한 정서를 읽어내기도 했다. 왕의 아내요, 왕자의 엄마가 아니라 평범한 한 남자의 아내요, 한 아들의 어머니로서 엄마를 봤다. 아무튼, 나는 이런 이유로 신분이 낮은 사람에 대한 남다른 연민이 있었다. 그런 이유로 성서 편집자는 나를 성매매하는 여성의 재판관으로 소개했다. 그러나 이 이야기에는 비밀이 있다. 성서 기자는 그것을 의도하고 있었을까? 내가 가진 여성 편력을 성매매하는 여성을 등장시켜 소설의 복선처럼 보여주고 있는 것이다.

모성 콤플렉스?

이성에 눈을 뜰 무렵에, 나는 엄마에게 성적 매력이 있다는 것을 알았다. 남성은 명랑한 여성보다는 약간은 우수에 잠긴 여성에게 성적 매력을 더 느낀다.[12] 나의 어머

---

12 우울은 정신 에너지가 밖이 아닌 안으로 향하면서 생긴다. 우울한 여성은 자신을 노출하는 것에 매우 서툴고 두려워한다. 그녀는 내면의 막을 만들어 그 안에 존재함으로써 안정감을 느낀다. 이것은 신비주의가 되어 그녀

니가 그랬다. 나는 엄마의 조각품 같은 몸매에서 근친상간의 욕망을 느꼈다. 신체적으로나 정서적으로 좀 더 가까이 갈 수 없는 어머니를 이상화했고, 그 이상화에는 성화sexualization의 감정도 있었다.[13] 모성 콤플렉스는 여성의 신체를 이상화한다. 그는 사랑하지 못하는 많은 여성을 찾아만 다닌다.

만일 내 엄마가 나에게 조금만 더 가까이 다가와 나의 감정을 어루만져 주기만 했어도, 나는 여성을 이상화하지 않았고 여성 편력에 빠지지도 않았을 것이다. 이 일은 내 능력 밖의 일이다. 나는 거기서 영향을 받고, 그 영향으로 내 인생을 만들어 갔다. 인생의 가정법은 지금 여기를 살지 못하는 사람이 만든 궁색한 변명에 불과하다.

에게 호감을 지닌 남성을 더 애타게 한다. 이는 성적 유혹을 불러일으킬 수 있다. 여성의 적당한 우울과 신비주의는 남성을 유혹하는 매력으로 나타날 수 있다. 단지 한시적으로만.

13 프로이트는 이를 오이디푸스 콤플렉스라고 했다. 남아는 엄마와 만족스러운 애정 교류를 하고서야 엄마와 분리하고, 다른 여성을 사랑할 수 있다. 남아의 모성 결핍은 엄마를 이상화하고, 그것은 다른 여성들에게 전이되어 그녀들의 신체를 이상화하는 여성 편력에 빠지게 한다. 이를 모성 콤플렉스라고 한다.

나의 여성 편력은 후에 헛됨의 원리를 깨닫게 해 줬고 세상과 우주의 원리에 관한 관심으로 확대 전이됐다.

성서에는 내가 후궁 700명, 첩 300명을 뒀다고 기록하고 있다. 이건 좀 너무했지만, 아무튼 창녀의 재판은 나의 여성 편력에 대한 복선이었다. 이 복선의 의미를 진작 알았다고 해도 내 인생이 달라지지는 않았을 거다. 나의 여성 편력은 내 인생에서 불가피한 퍼즐 조각이었다. 나의 지혜를 창조해 내는 산실이기도 했다. 내 인생이 나의 것이라면 내 인생을 구성하는 것도 다 나의 것이자 내 인생의 교과서이다. 나는 거기서 교훈을 얻었다.

한편, 아이를 둘로 나누어 반반씩 나누어 가지라는 판결은 내가 냉정한 이성을 소유한 왕이라는 것을 보여주고 있다. 왕이 사사로운 감정에 흔들리면 나라 전체가 흔들린다. 나는 아버지의 시적 감수성을 물려받았지만, 감정에 흔들리지 않는 냉정한 이성의 사람이기도 했다.

이 우화에는 나의 슬픈 눈동자와 총명한 마음 둘 다 들어있다. 인생의 복선은 미래를 대비해 화는 멀리하고 복을 키우라고 보여주는 것이 아니다. 복선은 오늘을 희생시키지 않는다. 만일 당신이 미래만 대비하다 오늘 세상을 떠난다면 얼마나 억울하겠는가. 인생의 복선은 오늘에 충실하게 하여 미래에 있어야 할 곳에 있게 한다. 그리고 우리가 스스로 인생을 바꿀 수 있는 것은 플러스 마이너스 알파 정도에 불과하다는 사실을 기억하라. 그러니 너무 앞서가지 말라.

앞서가는 사람은 자기를 사랑하지 못하고 자기의 욕망을 사랑한다. 나처럼, 사람은 정말 많은 실수를 걸쳐 참된 지혜에 이른다. 실수가 좋은 것은 아니지만, 그렇다고 절망의 늪에 빠지지도 말라. 실수는 받아들이는 태도에 따라 양약이 되기도 한다.

"옛날이 지금보다 더 좋은 까닭이 무엇이냐고 묻지 말라. 이런 질문은 지혜롭지 못하다(전도서 7:10)."

⑨ 지혜와 처세술의 충돌

나는 왕위를 버리고 광야로 들어가 은둔 수도자가 되고 싶었다. 권력, 부, 명예는 그런 것이다.

내가 초월 이성 상태에서 경험한 것은 완전한 빛이었지만, 인간 이성으로 돌아오면 그 빛에 어둠이 끼어들어 오는 건 어쩔 수 없었다. '지혜가 실현되는 곳에는 무지도 뒤따라온다.' 내 총명한 마음은 세상의 밝은 면을 보고 앞으로 나갔다면, 내 슬픈 눈동자는 어두운 면을 보고 가던 길을 멈추게 했다.

진심과 현실 사이의 갈등

내가 아무리 듣는 마음을 받았다고 해도, 듣는 것만으로는 왕의 책무를 다 할 수 없다. 왕위에 오르는 과정에서 나의 반대편에 섰던 사람들, 그들을 어떻게 할 것인가? 권력의 생리상 그들은 숙청돼야 한다. 숙청은 인명을 살상한다. 손에 피를 묻히는 반인륜적인 짓을 해가며 왕위를 지키는 것은 나의 진심과는 거리가 먼 일이다. 그러나 왕은 사사로운 감정 따위에 얽매여서는 안 된다. 공적 원리에 충실해야 한다. 그렇기에 나도 숙청을 단행해야 했다.[14]

나의 왕위계승의 경쟁자는 이복형 아도니야였다. 형은 단지 나의 형이라는 것 하나로 나를 경쟁자로 생각하지 않았다. 궁중에서는 나를 후계자로 더 높이 평가했는데도, 형은 자기가 믿는 바는 그대로 이루어진다는 순진한

---

14 솔로몬이 왕위에 오르는 과정과 반대 세력을 숙청하는 과정은 '열왕기상 1장~2장'에 기술하고 있다.

구석이 있었다. 그 준수한 용모에 순진함이 더해져 강력한 카리스마로 보이기도 했다. 이성보다는 감성에 따라 움직이는 형, 나는 그런 아도니야 형을 좋아했다.

어린 시절에 나는 형에게 의존했다. 형은 세상 물정을 모르는 것 같다가도, 또 어떤 때는 그 순진함에서 묻어나는 비범함도 있었다. 아버지도 형의 순진함을 걱정했지만, 한편으론 거기에는 신성이 숨어 있을 수 있다는 기대를 하기도 했다.

아버지의 수명이 서서히 저물 무렵, 궁중은 왕위승계의 문제로 초긴장하고 있었다. 어머니는 나를 지지하는 세력을 모았고, 그들과 함께 정략을 짜느라 눈코 뜰 새 없이 바빴다. 나를 지지하는 세력은 내가 좋아서가 아니라 내가 왕이 될 가능성이 더 크다고 믿고, 나에게 승부수를 둔 사람들이다. 말에는 관심이 없고 돈에만 관심을 가진 경마장의 도박꾼들처럼. 그들은 나를 자기 욕망의 수단으로 삼은 면도 있다. 그러나 세상은 이런 줄로도 연결됐다. 그것은 옳은 일은 아니지만, 이상한 일도 아니다. 인간의 욕망은 세상을 운영하는 에너지로도 작용하니 말이다.

너무 솔직해도 모른다

형은 기병과 호위병을 모으며 아버지의 후계자처럼 하고 다녔다. 판세는 묘연한데 어린 시절에 그랬던 것처럼, 자기가 왕이 될 것이라는 막연한 희망을 믿어버렸다. 그런 민감한 일은 드러내는 순간 반대자의 저항을 받게 마련인데, 형은 전략이 없었다. 근거 없는 자신감만 넘쳐났다. 군대 장군을 포함하여 거기에 호응하는 사람도 많았다. 사리가 밝은 제사장 아비아달도 형 편에 서기도 했다. 다 형의 순진한 카리스마 때문이었다.

형은 왕위 즉위식을 하는 것처럼 자신을 지지하는 사람들을 공개적으로 모았고, 자축하는 잔치를 벌였다. 아버지는 이미 눈과 귀가 먹어서 젊은 처녀 아비삭의 수발을 받고 있었고, 아도니야의 일을 알고도 묵인했다. 형은 거사가 너무 쉽게 진행됐다고 생각했으니 정말 답답한 양반이다. 내 어머니가 정녕 어떤 사람인지 몰랐을까?

그 소식이 어머니에게 전해지자, 어머니는 다짜고짜 아비삭의 수종을 받는 아버지의 침실로 달려갔다. 정략에 능한 어머니는 결단력도 빨랐다. 생각해 보자. 어린 처녀와 함께 있는 아버지의 침실로 곧바로 달려간 것은 다 이유가 있었다. 이십여 년 전 아버지가 어머니와 잠자리를 하고 크게 뉘우친 아버지의 감성을 자극하려는 의도였다. 어머니는 엎드려 절을 하며 죽으면 죽으리라는 심정으로 내가 왕위를 계승해야 하는 이유를 구구절절 아뢰었다. 생사의 문제다. 만일 아도니야가 왕이 되면 나와 어머니는 숙청대상 일 순위다. 형의 순진함으로도 막을 수 없는 권력의 생리가 그렇다.

아버지의 감성을 애절하게 자극하는 어머니의 간곡한 청원, 나를 지원하는 신하들과 아버지가 신뢰하는 선지자 나단의 도움으로 아버지는 그 자리에서 나를 후계자로 확정했다. 그들은 이구동성으로 말했다.

"아멘, 임금님의 하나님이신 주님께서도 그렇게 말씀하시기를 바랍니다(열왕기상 1:36)."

백성들은 나의 즉위를 환호했고 형은 조용히 물러나는 순서를 밟아야 했다. 하지만 형의 순진한 카리스마는 그 누구도 생각하지 못한 일을 또 저지르고 말았다. 어머니를 통해 선친의 마지막 수발을 들었던 아비삭을 아내로 삼게 해달라는 요구를 해왔다. 새 왕이 선왕의 아내를 물려받는 것은 당시의 관례였다. 형이 아비삭을 요구한 것은 자신이 왕이 되겠다는 것이나 다름없었다. 정말 순진한 형, 그렇게 하면 자신을 지지하던 세력들이 다시 뭉칠 줄 알았을 거다.

정략가인 어머니는 긴장이 풀렸을까, 왜 나를 찾아와 형의 이런 어처구니없는 요구를 들어주라고 했을까? 아마도 남편의 여자인 아비삭이 나의 아내까지 되는 것을 지켜볼 수 없었기 때문에 그만 실수를 한 게 아닐까. 아무리 총기가 뛰어난 여성이라도 질투심 앞에서는 쉽게 무너진다. 나는 형의 순진한 카리스마가 두려웠다. 순진한 형은 어머니의 약점을 순진하게 파고들었다. 나에게 더 이상의 선택은 없었다. 형을 처형해야 한다. 그것은 내가 아닌 왕권을 지켜내는 왕의 공적인 일이었다.

권력의 암투는 허무하다

내 슬픈 눈동자는 이 모든 일이 다 허무해 보였다. 나는 어린 시절에 형과의 추억을 떠올리며 몹시 슬퍼했다. 해 질 무렵에 혼자 있는 시간이면 내 슬픈 눈동자는 나를 더 깊은 곳으로 끌고 갔다. 그곳의 이름은 '공허'였다. 내가 계획하고 하려는 일들이 다 헛된 짓이 되어 내 앞으로 돌아오는 것이었다. 그러나 총명한 마음은 공허를 이겼다. 나는 얼른 정신 차리고 이성적 판단을 했다. 나의 통치이념인 신정국가를 위해서도, 나는 형의 처형을 명령해야만 했다. 평화의 왕인 나 솔로몬이 아니라 이스라엘 왕의 이름으로.

"나는 이 세상에서 벌어지는 모든 일을 살펴보다가, 이 세상에는 권력 쥔 사람 따로 있고, 그들에게 고통받는 사람 따로 있음을 알았다(전도서 8:9)."

나는 슬픔을 위로해야만 했다. 그래, 어쩔 수 없었다. 제국의 질서를 위해서.

나에게는 처리해야 할 괴로운 일이 또 하나 있었다. 형을 지지한 제사장 아비아달을 어떻게 해야 하는가의 문제였다. 제사장은 백성들을 상대로 종교의례를 주관하는 직책으로서, 그들의 카리스마는 공적으로 인정받았다. 그들은 여론을 움직이는 능력도 있었다. 아비아달은 아버지 다윗의 좋은 친구이기도 했다.

나의 충직한 참모들은 그를 공개 처형하지 말고 쥐도 새도 모르게 죽이는 방법을 써야 한다고 했다. 그러면 백성들 사이에서 '하나님이 솔로몬을 반대한 아비아달을 데려갔다'고 회자한다는 논리였다. 왕이 되면 왕위를 유지하는 수단과 방법이 모두 신성한 일이 된다. 그에 반하는 일은 신성하지 않은 일이 되는 거고, 이렇게 해서 신정국가가 탄생한다. 신정국가는 신의 뜻이 아닌 신의 대리자인 왕이 독재하는 곳이다.

신을 대리하는 제사장이라는 공적 직책을 가진 아비아달을 차마 죽일 수 없었다. 나는 그를 먼 곳, 아나돗으로 추방했다. 다시는 내 주위를 얼씬거리지 말라고. 내가 아비아달에게 관대한 처분을 내린 가장 큰 이유는 제사장 한 사람을 살려줌으로써 숙청과정에서 생긴 죄책감을 씻어내려는 있었다. 정말이지 권력의 중심지인 예루살렘은 요지경이다. 나의 총명한 마음은 그곳에 잘 적응해 나갔지만, 내 슬픈 눈동자는 그곳으로부터 점점 더 멀어져 갔다.

나는 그 밖에도 더 많은 숙청을 해야 했다. 내가 아닌 이스라엘 왕의 명령으로, 국가의 질서를 위해서, 그리고 신성한 제국을 위해서. 지혜와 처세술은 이렇게 충돌을 일으키지만, 처세술을 따라야 할 때도 잦았다. 그게 삶인 걸 어떻게 하란 말인가. 정말이지, 모든 것을 다 포기하고 광야로 들어가 은둔 수도자가 되고 싶은 생각도 많았다. 그러나 총명한 마음은 그것을 조금도 허용하지 않았다.

"나 전도자는 예루살렘에서 왕이 되어 이스라엘을 다스리는 동안에, 하늘 아래에서 되는 온갖 일을 살펴서 알아내려고 지혜를 짜며 심혈을 기울였다. 괴로웠다. 하나님은 왜 사람을 이런 수고로운 일에다 얽어매어 꼼짝 못 하게 하시는 것인가? 세상에서 벌어지는 온갖 일을 보니 그 모두가 헛되어 바람을 잡으려는 것과 같다. 구부러진 것은 곧게 할 수 없고, 없는 것은 셀 수 없다(전도서 1:12-14)."

10 아쉬움이 있어야 지혜를 찾는다

지혜는 욕망을 에너지로, 아쉬움을 성장의 동기로 사용
한다. 욕망과 아쉬움을 잘 활용하라.

내가 이집트 왕 바로의 딸과 결혼했다는 것은 충분히
가십거리가 될 만했다. 유대 민족주의자들은 국왕의 아
내가 이방 여인이라는 사실을 받아들일 수가 없었다. 그
들은 뒤에서 쑤군덕거렸다.

나는 외교 전략가였다. 당대에 최강국인 이집트 왕가
와 혼인 관계를 만들어 놓는 것은 이스라엘의 안정을 위
해서도 꼭 필요했다. 그때는 항시 전쟁의 위험이 도사리
고 있었다. 그렇다고 해도, 민족주의를 신화처럼 신봉하
는 내 조국 유대인의 관점에서는 쉬 허락되지 않는 일이
어서 나에게도 용기가 필요했다. 내가 바로의 딸과 결혼

한다는 생각을 밝혔을 때 대부분 신하들은 놀랐지만, 공개적으로 반대하지는 않았다. 나의 왕권이 안정되어야 그들의 기득권도 보장되니 말이다. 공개적으로 찬성하지는 않았지만, 대체로 묵언의 동의를 했다.

내가 바로의 딸을 아내로 데리고 온 표면적 이유는 정략적인 게 맞다. 나는 무엇이 국익에 우선하는지를 잘 알고 있었고, 그것을 위해서는 전통이니 관습을 넘어서야 했다. 나의 선택에 분개하거나 비아냥거렸던 백성들도 전쟁에 끌려갈 일이 점점 없어지고, 나라가 부국강화 되고, 그들의 삶도 안정되자 나의 지혜를 찬양했다. 강대국과 전쟁을 하지 않음으로써 엄청난 국력을 기를 수 있었다. 물론 그것은 이집트도 마찬가지였다.

욕망은 지혜의 에너지이다

지혜는 항상 승승장구하는 인생의 교훈을 따르게 하지는 않는다. 지혜와 욕망은 두 동강이로 구분할 수 있

는 것이 아니다. 욕망은 지혜의 에너지이고, 또한 지혜는
욕망을 다스린다.

나와 어머니와의 정서적 거리는 2m라고 했다. 제자리
에서 엎어져야만 겨우 손이 닿을 수 있는 거리. 나는 모
성 콤플렉스가 있다. 여성의 신체를 엄마처럼 이상화했
다.[15] 부와 권력을 가진 남성들, 그들은 억압된 원초적 모
성 콤플렉스를 불러일으키기에 충분히 좋은 환경을 갖
췄다. 남성이 가진 부와 권력은 여성을 불러들인다. 아이
처럼 신체적 쾌락을 동반하는 모성을 자신의 소유로 취
하려는 의도다. 자신 스스로 모성을 제공할 줄 아는 능
력을 얻기 전까지는.

나는 어린 시절부터 이방 여인을 취하면 안 된다는 율

---

15 남자의 모성 콤플렉스는 아이가 엄마를 찾는 것처럼, 여성에게서 엄마를
찾으려는 무의식적 욕망을 가진다. 아동은 엄마에게 받으려고만 할 뿐,
상호 주고받는 관계는 모른다. 그런 것처럼 모성 콤플렉스를 가진 남성은
여성을 이상화하거나 성적으로 집착하여 의미 있는 관계를 맺지 못한다.
한편 모성 콤플렉스는 종교적으로 심화하고, 인생의 깊은 의미를 밝히는
쪽으로 승화하기도 한다.

법의 금기를 귀가 닳도록 들었다. 그럴수록 신비의 베일에 가린 이방 여인에 대한 남다른 로망을 품었다. 이방 여인은 이상화된 엄마이고 엄마의 몸매였다. 나는 바로의 딸을 아내로 데려옴으로써 개인적 욕망도 취할 수 있었다. 성에 눈을 떴던 시절부터 관음증적으로 상상했던 일, 이방의 여인을 곁에 두고 품에 안을 기회가 드디어 왔다. 바로의 딸과의 결혼식은 황홀 그 자체였다. 그것은 내 마음을 꽁꽁 얼어붙게 한 신비의 베일을 한 겹씩 벗기는 가슴 뛰는 일이었다. 내가 원하는 엄마를 내 방식으로 얻어내는 신성한 의례였다.

첫날 밤, 고대했던 여인을 품에 안았을 때, 그토록 기대한 황홀함은 짧았고 흥분이 앞섰다. 흥분은 편안함이 아니라 쾌락이다. 엄마의 품은 편안했지만, 엄마를 대체한 여인의 품은 짧은 시간의 오르가슴으로 끝났다. 나는 그녀를 사랑할 수 없다는 것을 알았다. 그녀는 당당하게 자신의 권리를 구하는 왕후였지, 무한한 사랑을 베풀어 주는 나의 엄마가 아니었다. 허무했다. 나는 왕권을 사용하여 또 다른 '엄마 여인'을 취함으로써 허무를

이기려 했다.[16]

애정이 아니면 연민이라도!

나는 바로의 딸에게 별궁을 지어줬다. 일부 성서 주석
가는 이방 여인이 궁중에 들어갈 수 없어서 내가 그런
아량을 베풀었다고 한다. 그렇다면 이방 여인의 수만큼
별궁이 있어야 한다. 나는 그녀에게 남다른 애정이 아닌
남다른 연민을 가졌다. 이집트의 공주로서 나보다 더 많
은 부귀영화를 누렸을 그녀는 아버지와 국가의 대의를
위해서 낯선 외국 땅으로 시집온 거다. 그녀의 희망은 오
직 나의 사랑뿐이다. 그러나 나는 한 여인만을 사랑할
사람이 못 된다. 그녀는 그런 나를 알아봤다. 나는 그녀

---

16 모든 남성과 여성의 성격은 그들 엄마에게서 강한 영향을 받는다. 중년 이
　전까지는 심리적으로 엄마의 영향권 안에 있다. 그들은 중년 이후가 돼
　야 내적 인격인 아니마(남성 안의 여성성)와 아니무스(여성 안의 남성성)
　의 분화로 엄마로부터 온전히 벗어나 독립적 인격이 된다.

의 눈에서 어린 시절에 나를 바라보던 엄마의 슬픈 눈동자를 봤다. 내가 그녀에게 해줄 수 있는 최선은 사랑이 아닌 다른 것이었다. 성서 기자의 시선은 예리했다. "솔로몬 왕은 외국 여자들을 좋아하였다. 이집트 바로의 딸 말고도, 모압 사람과 암몬 사람과 에돔 사람과 시돈 사람과 헷 사람에게서, 많은 외국 여자를 후궁으로 맞아들였다(열왕기상 11:1)."

여기서 '좋아하였다'에 해당하는 히브리어 '아하브'는 집착 혹은 대상에 대한 성적 욕망을 뜻한다. 그것은 사랑과는 거리가 먼 '집착적 성적 욕망'이었다. 모압과 암몬은 이스라엘과 적대관계에 있는 나라로서 더 낯선 여성이었다. 그래서 나는 더 끌렸다. 나의 '집착적 성적 욕망'은 국익을 위한 외교적 전략으로 미화됐다.

배타주의가 혐오스럽다

또 다른 이유도 있었다. 나는 이방인을 무슨 벌레처럼

취급하는 유대인의 배타적 민족주의를 혐오했고, 그렇지 않다는 것을 행동으로 보여주고도 싶었다. '유대 민족주의가 깨져야 유대인이 산다'고 판단한 고도로 정치화된 나의 행동, 그리고 그 밑에 깔린 유대 전통에 대한 반기는 모두 나의 총명한 마음에서 나왔다.

나에 대한 성경 기록은 내가 죽은 지 사백 년쯤 지나서 이스라엘이 약소국가로 전락해 바빌론 포로로 끌려갔을 때 편집한 것이다. 그때의 사관들은 이스라엘이 한때는 크게 번영했다는 것을 주변국에 보여주어야 했다. 그래서 나를 일천 명의 처첩을 거느린 대왕으로 만들어 버렸다. 나의 처첩이 일천 명이라면 예루살렘 같은 도시가 수십 개는 있어야 한다.

또한, 그들은 내가 하나님을 경외하지 않은 왕이었기에 국가가 반으로 쪼개졌다면서, 포로기의 이스라엘 백성들에게 영적 경각심을 일깨우려고도 했다. 나를 여러 가지로 써먹은 사학자들은 당연히 그럴 필요가 있었다. 나도 내 인생을 돌아보면 아쉬운 점이 많다. 그러나 아쉬움이 있었기에 지혜에 대한 갈망도 더 컸다. 아쉬움, 그것이 있었기에 나는 모든 사람들이 추구하는 것에 만족할 수 없어서 나만의 지혜를 터득하였다.

우리에게 부여된 자유의지는 무한 자유의지가 아니라, 일정한 틀 안에서의 자유의지다. 지혜를 얻으면 겸손해져 아쉬움도 자족하고 보람이 된다.

"그리하여 나는, 사람에게는 자기가 하는 일에서 보람을 느끼는 것보다 더 좋은 것은 없다는 것을 알았다. 그것은 곧 그가 받은 몫이기 때문이다(전도서 3:12)."

11 나는 아버지와는 달라

아버지는 아버지 하나님을 잘 모시고 살았다면, 나는
아버지 하나님의 아들로 당당히 살았다.

아버지 다윗은 예술가적 감수성을 신앙으로 승화했다.
아버지를 늘 가까이서 지켜본 나는 아버지의 신앙보다
는 감수성이 더 크게 보였다. 아버지는 하늘의 해와 달
과 구름과 바람을 벗하여 시를 짓고 수금을 타며 노래
를 부르는 분이었다. 그런 분이 전쟁영웅이고, 한 국가의
왕이라니….

아버지의 어록에서 신앙의 언어들을 다 **빼**다고 하면
아마도 남는 건 아버지의 여린 감수성일 것이다.[17] 그래

---

17 시편에 기록된 다윗의 시를 분석해 보면, 그는 편집성이나 의존성 성격으

서 아버지는 하나님께 더 의존했겠지만, 옆에서 지켜본 나에게 아버지의 신앙은 모든 상황에 항상 부합한 것만은 아니었다. 내적 통찰보다는 의존 대상을 찾는 분이었다.

시편에 기록된 아버지의 자작시를 읽어보면, 아버지는 두려운 망상에 쫓겨 의존 대상을 찾으려 몸부림을 친 분이다. 전쟁터에서 잔뼈가 굵은 아버지의 외적 모습과는 너무 다르다. 말년에 대신들은 젊은 처자를 아버지의 침실에 보내 수종을 들게 했다. 아버지의 감수성을 자극해 생기를 넣어주려 했던 거다. 그들은 아버지가 감정 기복이 크다는 것을 잘 알았다.

로 분류될 수 있다. 편집성은 많은 전쟁을 치르며 커질 수밖에 없는 불안과 두려움의 영향으로 보인다. 의존성은 어린 시절부터 몸에 밴 목동 생활, 그리고 전쟁영웅의 외로움을 보상받으려 생긴 것으로 추정된다. 다윗은 이 둘을 해결하려고 하나님을 애타게 찾았다. 외적 자극에 흔들리지 않는 신앙은 내적 통찰이 확대되면서 생기는데, 다윗의 어록을 살펴보면 이 부분에서 결핍이 보인다.

아버지처럼 살지 말라

나는 아버지가 너무 감성적이어서 일을 망친다고 생각한 적도 있었다. 맏형 암논이 이복동생 압살롬의 누이인 다말을 겁탈했을 때, 아버지는 별 조치를 하지 않고, 압살롬이 헤브론에서 즉위하여 아버지의 왕권에 도전해도 무력하게 대응했다. 아도니야가 왕의 행세를 하고 다닐 때도 자신의 의중과는 달리 아버지는 그냥 묵인해 줬다. 복잡한 정치적 역학을 냉정하게 매듭짓지 못하는 아버지가 이스라엘 12지파를 통일해 하나의 국가로 만든 일은 실로 놀라운 일이었다. 아버지의 삶에는 행운도 많았다.

그러나 행운의 시대는 갔다. 나의 시대는 총명한 지혜가 필요했고 새로운 지도력이 필요했다. 이성의 리더십이 필요한 시대가 왔다. 번영 없는 평화는 사상누각이다. 나는 이스라엘을 번영시키기로 결심했다. 신앙보다는 번영의 왕으로서 아버지가 이루지 못한 것들을 이루기로 했다.

왕자의 서열로 따지면 뒤로 밀리는 내가 아버지의 뒤를 이었다. 반대자들은 눈을 시퍼렇게 뜨고 노려보고 있다. 그들의 시선을 다른 곳으로 돌리고, 백성들의 시선을 하나로 모으면서도, 제국의 번영을 가져오게 하는 방법을 찾았다. 바로 무역업이었다. 이스라엘은 주로 농업이나 목축업에 기초한 경제구조를 지니고 있었고, 그것으로 더는 제국의 번영을 가져올 수 없었다. 힘을 키우지 못하면 강대국에 먹히는 것뿐만 아니라 내부의 적도 생긴다. 나의 총명한 마음은 무역을 선택하게 했다.

아버지는 가나안 평원을 소유함으로써, 남부의 애굽과 동부의 메소포타미아, 그리고 북부의 소아시아를 연결하는 유일한 육로를 통제했다. 나는 먼저 이 육로를 지켜내려고 주요 도시들을 견고히 요새화했다. 아버지처럼 통행세만 받는 것이 아니라, 이 길을 이용해 무역 활동을 함으로써 상당한 부를 축적할 수 있었다.

또한, 두로와 동맹을 이용해서 홍해에 만든 항구를 거점으로 해상무역을 하여 큰 이익을 얻었다. 에돔에서 구리를 캐 제련했으며 일부는 수출도 했다. 나는 이집트로부터 말과 전차를 확보했고, 그것들을 다시 북쪽 나라에 팔아 이득을 얻었다. 시바의 여왕이 나를 찾아와 지혜를 구했는데, 실은 나의 무역을 배우기 위해서였다. 이스라엘은 전무후무한 번영을 누렸다. '나는 아버지와는 달라'라는 신념의 결과였다. 지혜는 자기만의 차별성에서 온다.

|오이디푸스 콤플렉스의 승리

당대는 물론 후대의 사람도 나를 '무역의 천재'라고 했다. 나는 사사로운 감정이나 신앙에 얽매이지 않고 무엇이 나와 나라를 위해서 이익이 되는지를 먼저 생각했다. 그것은 나의 철학이었고 통치이념이었다. 만일 문서로 만들어진 나의 경제정책이 남아있다면, 현대 경제학자는 나를 최초의 자본주의 경제학자 또는 경영자로 보는 데 주저하지 않을 것이다.

나는 아버지처럼 하나님의 눈치를 살피느라 주춤거리지 않았다. 하나님이 인간이 눈치 보는 것을 기뻐하는 그런 쩨쩨한 분인가? 어느 아버지가 눈치 보느라 자신의 삶을 살지 못하는 아들을 기뻐하겠는가? 자식을 사랑하는 아버지라면, 자식이 아버지의 눈치를 보지 않고 멋지게 제 삶을 살기 원한다. 하나님도 그러하다.

아버지는 이새의 여덟 아들 중 막내로 태어나 할아버지와 형들의 눈치를 보며 성장했다. 서열을 지키는 일은 가족의 질서를 위해 필요하지만, 매우 불공평한 장자 우선주의의 전통을 만들어 냈다. 아버지가 하나님의 마음을 편집적으로 살폈던 것은 어린 시절에 아버지와 형들의 눈치를 살핀 경험의 재현이었다. 아버지가 하나님에게 절대적으로 의존하고 위로를 받으려고 했던 것은 할아버지와 아버지의 형들에게 의존하고 인정받으려는 욕망의 재현이었다. 그래야 가족이 평안했던 것처럼 국가도 평안할 것이라 믿었다. 그것이 아버지의 삶을 지탱해 주는 든든한 끈이었다. 한편 그것은 아버지의 삶을 더는 앞으로 나가지 못하게 붙들어 놓는 속박의 끈이기도 했다. 그것은 아버지가 원한 삶이었다. 다윗이기 위한 다윗의 삶.

아버지는 아셨다. 당신의 여린 마음이 당신의 삶에 제동을 걸었다는 것을. 그래서 사내답게 당당한 대장부가 되라는 유언을 나에게 남겼다. 나는 아버지와는 달랐다. 나의 지혜는 당당히 사는 거다. 나의 지혜는 부자 되는 것이고, 영광 받는 것이고, 명예도 얻는 거다. 그래야 아버지가 나에게 원한 평화도 구현할 수 있다. 젊은 시절에 내가 구하고 얻은 지혜는 다음과 같은 것들이다.

"지혜가 으뜸이니, 지혜를 얻어라. 네가 가진 모든 것을 다 바쳐서라도 명철을 얻어라(잠언 4:7)."

"지혜가 일곱 기둥을 깎아 세워서 제집을 짓고(잠언 9:1)."

"지혜를 버리지 말라. 그것이 너를 지켜 줄 것이다. 지혜를 사랑하여라. 그것이 너를 보호하여 줄 것이다(잠언 4:6)."

"지혜는 지혜 있는 사람의 면류관이지만 어리석음은 미련한 사람의 화환이다(잠언 12:24)."

"총명이 있는 사람은 이 모든 말을 옳게 여기고, 지식이 있는 사람은 이 모든 말을 바르게 여긴다(잠언 8:9)."

경건한 사람들은 잠언에 기록된 나의 지혜를 싫어한다. 영원한 진리를 담고 있지 않다고, 그것들은 처세술이라고.

나는 당당히 말할 수 있다. 지혜는 현실을 관통해야 한다. 관념적인 지혜는 학자들의 놀잇감인 탁상공론이다. 사실 많은 사람은 지혜보다 처세를 원한다. 처세는 상황에 따라 지혜의 일부일 때도 있다. 나의 지혜는 현실의 실상을 외면하지 않는다. 아버지는 이 양자 사이에서 많은 갈등을 겪었다. 그럴 때마다 깊은 사색으로 흔들리지 않는 통찰을 얻기보다, 곧바로 하나님께 의존했다. 아버지는 하나님이 주신 이성을 충분히 활용하지 못했다. 그랬기에 아버지는 아버지와 같은 상황에 있는 연약한 사람들을 위로할 수 있었다. 나는 다르다. 아버지는 아버지 하나님을 잘 모시고 살았다면, 나는 아버지 하나님의 아들로 당당히 살았다.

12 너 자신을 사랑하라

무의식에 기록된 내 삶의 로드맵, 그리고 내 의지와는
무관하게 만들어진 어린 시절의 환경, 이 두 가지가 내
삶을 만들어 간다.

나는 원하는 것들을 다 가졌다. 어린 시절에 이복형의
눈치를 보면서 억압된 것들을 마음껏 발산할 수 있는 꿈
의 기회를 얻었다. 권력이면 권력, 지식이면 지식, 명예면
명예, 돈이면 돈, 나는 다 가졌다. 21세기에는 어떨지 모
르지만 그런 곳에 여자는 뒤따라오게 마련이다. 가진 것
을 다 누렸다.

누리면 누릴수록 내 슬픈 눈동자는 '그래서?'라며 고
개를 불쑥 내미는 횟수가 점점 더 잦아졌다. 나는 공허했
으나 예루살렘에는 공허를 대체할 즐거움이 가득했다.
공허를 달래줄 나의 사치는 극에 달했다. 나는 왕이 누

릴 당연한 특권이라고 생각했다. 지혜로 얻은 특권은 천복이라고 합리화하면서, 쾌락을 누리며 오는 일말의 죄책감을 위로했다. 지나가는 것들은 즐길 수 있을 때 마음껏 즐기는 것도 지혜라고 생각했다.

"솔로몬이 쓰는 하루 먹을거리는 잘 빻은 밀가루 서른 섬과 거친 밀가루 예순 섬과 살진 소 열 마리와 목장 소 스무 마리와 양 백 마리이고, 그 밖에 수사슴과 노루와 암사슴과 살진 새들이었다(열왕기 4:22~23)."

이것을 문자 그대로 믿는 사람도 있겠지만, 성서 편집자는 이스라엘 왕국이 그만큼 강성했다는 것과 나 솔로몬이 그만큼 사치스러운 왕이었다는 것을 동시에 알리고 싶었을 것이다. 나는 부귀영화에 취해서 점점 백성들을 내 욕망 충족의 도구로 삼았다. 나의 자기애는 극에 달하고 있었다. 그중 하나를 소개해 볼까 한다.

고대국가에서 방패는 병기이면서 의전용이었다. 반짝 반짝 잘 닦여진 동으로 만든 수백 개의 방패가 공중에 들어 올려진다고 상상해 보자. 거기서 반사되는 햇빛은 실로 장엄했다. 당신이 그 사이를 지나간다고 생각해 보자. 아마도 신이 된 기분일 거다.

나는 동 대신에 금을 썼다. '금으로 큰 방패 200개와 작은 방패 300개를 만들었다(열왕기상 10:16-17).' 그것을 반짝반짝하게 잘 닦아 의전용으로 썼다. 의장대로 선발된 키 큰 병사들이 높이 들어 올린 500개의 금 방패에서, 햇빛이 반사되어 나오는 광경은 실로 장관이었다. 나는 그 사이를 위풍당당하게 지나며 의전을 받았다. 그때마다 내면에서 들려오는 소리가 있었다. '너는 하늘의 황금 보좌에서 내려온 왕이다.'

외국 사신이 와서는 그 위용에 놀라 위축됐고, 나는 외교적 협상에서 이로운 고지를 점령할 수 있었다. '이 장엄한 의전은 다 국익을 위한 거다.' 맞는 말이기도 하지만, 나의 과시욕도 채워준 의전이었다. 그건 다 백성들의 수고로움이었고 그들의 욕망을 빼앗아 내 것으로 삼은 결과이다. 내가 얻으면 다른 누군가는 버려야 한다는 것을 내 슬픈 눈동자는 일깨워주려 했으나, 내 총명한 마음은 거절해 버렸다.

어릴 때부터 가졌던 후처의 아들이라는 나의 열등감도 마음껏 보상받고 싶었다. 나는 특별하고 특별해야 했다. 왕위를 물려받기 위하여 억압된 어린 시절의 욕구를 몽땅 보상받으려 했다. 그 당시에 나를 한 문장으로 표현하면 '난 정말 특별해'이다.[18] 현대 심리학자나 정신의학자들은 나를 자기애성 성격으로 분류하기를 주저하지

---

18 절대군주들이 그렇듯이 솔로몬도 자기애성 성격으로 분류될 수 있다. 정신질환 진단 및 통계 매뉴얼인 DSM-5에서는 자기애성 성격의 증상을 9가지로 분류하고, 그중에 5가지 이상에 해당하면 자기애성 성격장애로 분류한다. 9가지는 다음과 같다. '본인의 중요성에 대한 과대한 느낌, 본인이 특별하거나 똑똑하다고 믿음, 과도하게 높임 받기를 원함, 특별히 호의적인 대우를 받기를 원함, 공감 능력 부족, 타인이 자기를 시기한다고 믿음, 무한한 성공과 권력 그리고 이상적 사랑을 원함, 오만하고 건방짐, 타인을 착취함.' 자기심리학자 하인즈 코헛(Heinz Kohut)은 자기애성 성격장애의 원인을 아동기에 정서적 친밀감을 제공해 주는 자기대상의 부재로 봤다. 솔로몬 역시 다른 절대군주와 같이 자기애성 성격으로 진단할 수 있다. 그러지 않고서는 군주가 될 수도 없다.

않을 거다.

나 같이 특별한 사람은 대체로 공감 능력이 현저히 부족하다. 나의 지혜로운 재판으로 기록된 친자소송 사건을 떠올려보라. 칼로 아기를 반으로 자르다니…! 세상에 말이라도 그게 할 말인가? 내가 그만큼 타인과 정서적 교감에 무능했다는 이야기이다. 그게 나다.

받은 몫으로 살아가라

나에게 미운털을 박은 사람들은 묻고 싶을 것이다. '후회하지 않아?' 나는 안다. 후회야말로 바보 같은 사람의 멍청한 짓이라는 것을. 차라리 그 시간에 후회하지 않을 다른 짓을 하면 남는 것이라도 있다. 무의식에 기록된 내 삶의 로드맵, 그리고 내 의지와는 무관하게 만들어진 어린 시절의 환경, 이 두 가지는 내가 받은 위대한 선물이다. 그 선물이 내 일생을 만들었다.[19] 사람이 할 일은 두 가지 받은 선물로 자기의 삶을 만들어 가는 거다. 나는 특권을 선물로 받았지만, 특권이 최고의 선물을 아니다. 오히려 위험할 때가 많다. 지금 생각하면 나는 이 특권 때문에 인생을 돌아서 살았다.

'너 자신을 사랑하라'는 예나 지금이나 중요한 교훈이다. 사람들이 자기를 사랑하지 않기 때문이다. 그들은 매 순간 자기를 타인과 비교하며, 괴로움의 동굴을 파고 있다. 모든 사랑의 노래에서 당신을 나로 바꾸어 불러보라.

가령 '사랑해 당신을'을 '사랑해 나를'로, 또는 '당신'을 '내 삶의 몫'으로 바꾸어 보라. 가령 글을 쓰는 사람은 글로, 그림을 그리는 사람은 그림으로, 교사는 가르치는 것으로, 장사하는 사람은 장사로, 자신을 사랑하면 된다. 자기 자신을 사랑해야 한다는 메시지는 그 흔한 노랫말

---

19 집단무의식의 원형(archetype)은 한 사람의 인생 로드맵을 지니고 있다. 삶은 원형의 안내를 받고, 자아는 이를 피할 수 없다. 이를 자기의 초월 기능이라 한다. 성장이 필요한 중요한 시기에 원형은 환경을 변화시킨다. 영적 성장은 환경의 변화(주로 어려운 환경)로 인생 공부는 일취월장한다. 자아의 자유의지도 있지만, 자기의 초월 기능을 앞설 수 없다.

에도 다 있다. 자기를 사랑하는 사람은 당연히 자기 몫을 사랑한다. 나는 지혜를 '각자의 몫으로 즐겁게 사는 것'이라고 했다.

자기 몫이 무엇인지 모르겠다고, 그것을 찾는다고 허송세월 보내는 사람을 나는 봤다. 어리석다! 누구나 조금 가진 것으로 열심히 살다 보면 자기 몫이 무엇인지 안다. 자기 몫에 충실하기 위한 선결 조건은 '자기애'와 '하는 것'이다. 나의 자기애는 절제를 중요히 여기는 도덕으로는 과했지만, 나 정도의 제왕이라면 절제의 기준이 다르다. 자, 말하고 싶다. 나의 황금빛 의전은 누구나 각자의 마음 안에서 황금빛 의전을 받을 자격이 충분히 있다는 것을 상징으로 보여주는 것으로 이해했으면 좋겠다. 그것은 사실이다.

13 순수한 마음에 끼어드는 순수하지 않은 것들

가장 성스러운 것에도 인간의 욕망은 끼어들어 성속의 균형을 이룬다.

나는 나의 나라가 영원하길 바랐다. 그러려면 백성들을 하나로 결집해야 했다. 하나의 신앙이 필요했다. 그 정책의 하나로 성전건축을 결정했다. 충분한 명분도 있었다. 아버지는 손에 피를 많이 묻혀 못했던 일이니 평화의 왕인 나 솔로몬이 한다는 명분이었다.

세상의 왕은 통치의 안녕을 위하여 종교를 수단으로 사용한다. 그것은 매우 효과적이다. 이 경우에 국가는 평화를 얻지만, 종교의 본질은 훼손된다. 로마 황제 콘스탄티누스가 기독교를 국교로 승인하면서 제국은 안정됐고, 기독교는 크게 흥했다. 그러나 기독교의 중요한 교훈이 정치에 영향을 받으면서 순수성이 흔들렸다. 이런 정책의 원조는 바로 나다.

나의 성전건축 의도는 순수하지 않았지만, 백성들의 신앙을 돈독히 하고 제국의 평화를 위해서는 필요한 일이었다. 나는 신성 국가를 원했다. 신성 국가는 제왕을 위한 것이지, 신을 위한 것이 아니다. 성전이 백성을 위로하고 소망을 준 것과는 별개로, 나의 성전건축의 속내는 통치 기반을 든든히 하려는 것이었다. 성전건축과 관련해서는 후회스러운 일들도 많다. 내 슬픈 눈동자는 나의 이중성을 많이 질책했다. 지금부터 그 비밀스러운 이야기를 털어놓겠다.

순수한 것의 이중성

내가 하나님께 일천 번제를 드린 기브온 산당은 너무 초라했다. 그렇기에 왕에게 맞는 성전이 필요했다. 애초 계획은 가족이 제사 드릴 장소 정도로 생각했다. 하지만 과욕이 생겼다고 할까? 그곳을 신성시하고 그곳에서 중요한 종교집회를 열어, 예루살렘을 성역화하면 어떨까 하는 아이디어가 떠올랐다. 성전을 중심으로 국론을 하나로 묶어 나의 정치적 이상을 공고히 하려는 정치적 의도도 생겼다.[20] 성전을 중심으로 기득권이 형성되고, 하나님을 성전에 가두어 두는 종교의 세속화 현상이 생길 수 있다는 것을 예상 못 한 것은 아니다. 하지만 신앙과 제도가 조화를 이룰 수 있다는 기대도 있었다.

성전건축을 작정하자 나의 첫 번째 관심은 건축 장소였다. 신앙과 정치적 목적 두 가지를 다 충족할 수 있는 곳이어야 했다. 이스라엘의 첫 번째 조상인 아브라함이 하나님의 명령에 따라서 자기의 아들인 이삭을 제물로 바칠 때, 그 장소는 하나님의 말씀을 들은 모리아산 정상인 바위 둔덕이 제격이었다. 탈무드에 의하면 그곳은 하나님이 인간을 흙으로 빚은 장소이다. 백성들은 서로

---

20 진보적 현대 구약성서 신학자들은 솔로몬이 성전신앙을 정치에 활용했다는 데 동의하는데, 그 근거는 이미 성서에 명시돼 있다.

다투다가도 '아브라함이 늦게 얻은 아들인 이삭을 모리아산에 제물로 바치러 갔다'라는 경구만 읽어주면 다툼을 멈췄다. 그만큼 아브라함의 이야기는 카리스마가 있었다.

거기다 나의 솔로몬 성전을 짓는다면? 백성들이 모리아산에서 아브라함 부자를 생각한 것처럼, 나의 성전에서는 아버지 다윗과 나를 생각할 것이다. 나의 권위를 아버지와 연결하는 작업이 필요했다. 그곳은 해발 700m를 넘는 고지대로서 지형학적으로도 충분히 권위가 있었다. 그곳은 정치와 신앙, 두 가지 목적을 다 충족해 주기에 충분했다.

나의 두 번째 관심은 이 성전건축의 설계와 주요공사를 누구에게 맡길까였다. 유대인의 성전은 유대 건축자의 손에 맡기는 게 율법 정신과 민족의 자긍심으로도 당연했다. 그러나 나는 내키지 않았다. 건축 자료가 넉넉하지 않아 건축기술이 발달하지 않은 이스라엘에는 뛰어난 건축가가 없었다. 나의 대신들은 성전은 이스라엘

건축가 중에서 신앙심이 좋은 가문의 사람을 선택해서 그들에게 건축 일체를 맡겨야 한다고 했다.

내 생각은 달랐다. 하나님은 유대인의 하나님만이 아니다. 이방인들의 하나님이기도 하다. 유능한 건축기술자인 이방인에게 성전건축을 맡겨도 문제 될 것은 없다. 그렇기에 분열하지 말고 통합으로 가자고 주장했다. 그것이야말로 하나님을 하나님답게 하는 것이라면서. 전통을 고수하는 사람은 불만이었지만, 나는 나의 길을 갔다.

나는 성전건축을 이방 국가 두로의 왕인 히람에게 맡기는 일을 주저하지 않았다. 두로는 건축자재인 백향목과 돌이 풍부한 곳으로 건축기술이 발달했다. 그곳의 기술자와 장인이 내 나라에 속속 입국했다. 나는 성전의 설계를 에덴동산과 모세의 장막에서 따와야 한다고 지시했다. 그들은 성전설계와 성전건축 전체를 지휘했고, 성경에 수만 명이라고 기록한 다수의 내 백성은 주로 현장 일을 했다. 이방인 건축자가 총괄 지휘하여 7년이나 지속되는 건축과정에 군소리가 생기지 않도록 나의 총명한 마음은 지혜를 발휘했다.

"돌은 채석장에서 잘 다듬어낸 것을 썼으므로, 막상 성전을 지을 때는, 망치나 정 등, 쇠로 만든 어떠한 연장 소리도, 성전에서는 전혀 들리지 않았다(열왕기상 6:7)."

탈무드는 하나님은 침묵이시니 성전도 침묵 중에 지어야 한다며, 건축자재를 지하에서 다듬었다고 한다. 나는 성전건축 과정을 신성화하도록 지시했다. 7년이란 긴 공사 기간에 동원된 백성들의 불평불만이 밖으로 새어나가지 않게 하려는 정치적 의도도 있었다.

신앙의 온상이면서 부패의 온상이 된 성전

성전에는 제사장이 들어가는 성소와 대제사장이 들어가는 지성소가 있는데, 나는 두 곳을 모두 금으로 덮으라고 했다. 하나님의 임재를 상징하는 두 곳을 엄청난 양의 금으로 도배했다. 금을 모으려고 내 백성이 얼마나 많은 수고를 했는지는 짐작할 것이다. 그때 나는 무엇에 홀린 사람처럼 백성의 안녕에는 관심이 없었다. 백성도 지금의 나처럼 성전에 홀린 사람이 되도록, 성전을 최대한 화려하고 신비스럽게 건축하는 것만이 목적이었다.

'하나님은 영이셔서 물질의 영광은 물질로 사라져. 나는 지금 옳은가?'

날이 저물어 혼자 있는 조용한 시간에 내 슬픈 눈동자가 이의를 제기했다. 날이 밝아 해발 700m의 성전 공사장에 아침 해가 쏟아질 때 나의 총명한 마음은 나를 다스렸다.

'다 왕국을 위한 일이야. 제국의 왕이 그런 유약한 감성에 끌려다니면 안 돼.'

소문은 소문을 타고 퍼진다. 성전건축 과정의 신비한 소문은 있는 것에 없는 것까지 더해져서 내가 원하는 대로 일이 잘 진행됐다. 백성들은 돌과 나무로 짓는 건축물을 기다린 것이 아니라, 하나님이 예루살렘에 새롭게 탄생하는 날을 기다리게 됐다. 백성들의 여론도 수렴해야 하는 나는 거기에 맞는 성전 신학, 곧 하나님을 성전의 주인으로 모시고 백성들은 성전을 바라봐야 하는 신학을 구상했다.

후에 성전은 이스라엘 신앙의 요람이 됐고, 시온의 성전을 사모하는 마음으로 이스라엘은 바빌론 포로기의 힘든 생활을 버텨나가기도 했다. 하지만 내가 염려한 대로 성전은 우상화되어 성전 기득권자들이 생겨났고, 그들에 의해 성전은 부패의 온상이 되고 말았다. 오늘날 기복 신앙의 뿌리는 나의 성전 신학과 모종의 관계가 있다. 기복신앙은 종교를 흥하게는 하나, 본질은 잃는다. 아무튼, 지혜는 하나를 얻으면 다른 하나는 잃게 된다는 것을 가르친다. 두 개는 다 얻을 수 없다. 절대로.

나에게는 순수한 신앙도 있었다. 순수함을 이루는 과정에는 순수하지 않은 것들도 함께 끼어드는 것을 뼈아프게 경험해본 사람이다. 성전건축의 순수성에 정치적 목적이 끼어든 것처럼. 나는 종종 이 둘 사이에서 방황했다. 현실과 이상 사이의 방황이랄까? 제국의 왕으로 살면서 내 양심에 반하는 다른 것도 해야 했다.

"예수께서 성전을 떠나가실 때에, 제자들 가운데서 한

사람이 예수께 말하였다. 선생님, 보십시오! 얼마나 굉장한 돌입니까! 얼마나 굉장한 건물들입니까! 예수께서 그에게 말씀하셨다. 너는 이 큰 건물들을 보고 있느냐? 여기에 돌 하나도 돌 위에 남지 않고 다 무너질 것이다(마가복음 13:1-2)."

예수가 언급한 성전은 후에 재건된 성전이지만, 성전건축은 내가 예상한 대로 성전 기득권층을 만들어 종교의 세속화를 가져왔다.

"내 손으로 성취한 모든 일과 이루려고 애쓴 나의 수고를 돌이켜보니, 참으로 세상 모든 것이 헛되고, 바람을 잡으려는 것과 같고, 아무런 보람도 없는 것이었다(전도서 2:11)."

14 집단이 원하는 것과 내가 원하는 것 사이의 갈등

순수한 카리스마와 세속적 카리스마는 함께 간다. 태극의 음과 양처럼 서로 얽혀있다.

7년에 걸친 대작이 완성되던 그 날, 나는 그 위엄에 가슴이 딱 막히는 것 같았다. 그날 아침, 동향으로 지은 해발 743m의 성전 안으로 햇살이 쏟아지는 모습은 실로 장관이었다. 오직 이곳만이 하나님의 특별한 임재 장소라고 믿을 정도였다. 나는 성전의 화려함이 아니라, 성전의 거룩함과 자연과의 조화에 넋을 잃었다.

그 날은 성전봉헌식이 있었다. 나는 매뉴얼에 따라 대략 이런 축사를 준비하려 했다.

"아버지 다윗이 짓기를 원했던 성전, 그 대업은 평화의 왕인 나에게 내려왔고, 지금 완성했다. 나는 하나님을 찬

양할 것이고, 공은 아버지에게 돌린다."

그러나 나답지 않게 흥분돼 있었다. 동쪽 창을 통해 안으로 들어오는 아침 햇살은 그야말로 하나님의 현존이었다. 나는 멍하니 아침 햇살을, 아니 하나님을 응시했다. 그러기를 한참, 누군가 중얼거렸다.

'그것만이 영원하리. 그것만이 영원하리. 오직 그것만.'

내 슬픈 눈동자였다. 성전은 지나가지만, 하나님의 현존은 영원하다는 것이었다. 나는 얼른 총명한 마음으로 돌아와야 했다. 그런 감상에 빠질 시간이 내게는 없다. 지금은 이스라엘 회중 앞에서 낭송할 긴 기도문을 작성해야 한다. 기도내용에는 신앙적 각성과 왕권의 강화, 두 가지가 정밀한 기교로 다 들어가야 한다.

이스라엘 신앙의 중심을 각 산당과 가정에서 단 한 곳의 성전으로 옮겨와야 한다. 총명한 마음이 들려줬다.

'자, 오늘 아침 성전 안과 밖을 돌아보며 느낀 것이 있잖아. 이성으로 돌아오기 전의 느낌, 그 느낌을 잘 따라가 봐.'

나는 손바닥이 아플 정도로 손뼉을 쳤다. 바로 그거다.

우주 만물의 중심에 있는 하나님을 지상의 작은 건물인 성전 안으로 모시어 들이는 거다. 새로운 신학은 신학자의 상상력에서 나오는 것이고, 그 신학의 옳고 그름은 신학자의 위세에 달렸다.

하나님은 특별한 장소에만 계실까?

하나님은 어디에나 계신다는 것쯤은 누구나 다 알고 있는 상식이나, 인간의 요청은 하나님이 특별한 장소에만 계시기를 원한다. 내가 그날 성전에서 가졌던 느낌은 하나님은 성전에 특별히 계시는 것이었다. 그러면 하나님을 찾아가는 긴 영적 순례 과정을 거치지 않아도 된다. 거기만 가면 하나님이 계시고, 그곳에서 하나님은 나를 용서하고 축복도 해주는 게 된다. 그다음부터 인생의 복잡한 문제는 그 장소로 집결하게 된다. 그 장소는 자체의 카리스마를 가지고 사람들을 결집하는 힘을 얻게 된다.

신앙은 하나님을 향한 끊임없는 성장인데, 이런 유아적

신앙을 백성들에게 주입하는 것은 매우 복잡한 문제를 일으키는 것임을 내가 몰랐던 것은 아니다. 그러나 나의 왕권을 안정시키고 강화하려면 성전을 중심으로 백성들의 힘을 모으는 게 중요했다.

그날 거룩한 의례에서 나는 이스라엘 회중이 보는 앞에서 두 손을 높이 쳐들고 하늘을 우러러 큰 목소리로 기도했다. 내 기도의 요약본이다.

"하나님은 이곳에 계신다. 하나님은 밤낮으로 이곳을 보살핀다. 이곳을 향해 기도하면 하나님이 들어주신다."

나는 성전으로 대변되는 신정정치를 선언했다. 성전을 유아가 부르짖으면 응답하는 엄마로 삼은 거다. 그것은 백성들의 정서적 안정을 위해서도 필요했다. 다음은 내 기도문 서문이다.

"그러나 하나님, 하나님께서 땅 위에 계시기를, 우리가 어찌 바랍니까? 저 하늘, 저 하늘 위의 하늘이라도 주님을 모시기에 부족할 터인데, 제가 지은 이 성전이야 더 말하여 무엇하겠습니까? 그러나 주 나의 하나님, 주님의 종이 드리는 기도와 간구를 돌아보시며, 오늘 주님의 종이 주님 앞에서 부르짖으면서 드리는 이 기도를 들어주십시오(열왕기상 8:27~28)."

나의 신학은 하나님을 우주적인 분으로 묘사하고, 그런 장엄하신 분을 성전 안으로 모시어 들였다. 나와 제국의 안정과 백성을 위하여.

"주님께서 밤낮으로 눈을 뜨시고, 이 성전을 살펴 주십시오. 이곳은 주님께서 '내 이름이 거기에 있을 것이다' 하고 말씀하신 곳입니다. 주님의 종이 이곳을 바라보면서 기도할 때에, 이 종의 기도를 들어주십시오(열왕기상 8:29)."

나는 주께서 밤낮으로 이 성전을 특별히 지켜주시기를 바랐다. 성전을 바라보고 기도할 때에 들어주기를 원했다. 오직 이곳만이 하나님의 특별한 임재 장소가 되어야 했다. 당연히 그래야 했다.

주님의 종이 이곳을 바라보고 기도할 때 들어달라는 것, 여기서 강조점은 '이곳'이다. 다른 곳은 아니다, 꼭 이곳만. 그래야만 하나님이 들어주실 것 같은 어조로 기도했다. 내 기도를 들은 사람들도 '이곳'에 강조점을 두고 들었을 것이다.

기도는 인간의 욕망이 투사된다

이곳에 특별한 카리스마를 부여하는 기도, 그것은 순수한 인간의 마음이 담긴 기도일 수 있다. 우리가 선 이곳은 항상 신성한 카리스마가 있는 곳이다. 그런데 나는 이곳을 성전으로 국한했다. 성전은 종교의례를 행하는 곳으로 종교인이 신을 만나는 곳이다. 그렇다고 성전은 신이 아니다. 나는 백성들의 신앙을 단순화시켰다. 성전만이 특별한 카리스마가 있는 것처럼, 성전에 오면 모든 문제가 다 해결되는 것처럼. 수백 년의 세월이 흐르면서 성전은 서서히 하나님을 대행하는 업체로 변했다.

하나님은 쩨쩨하게 기도의 자구나 따지는 분은 아니다. 기도하는 그의 마음이 하나님께 향해 있다는 것만으로도 옳다. 하나님께 자신의 욕망을 빈다고 하더라도 그대로 다 이루어지는 것은 아니다. 하나님은 그 마음을 긍휼히 여기는 분이다. 사람의 마음이 하나님께 향해 있는 한 그에게는 희망이 있다. 그도 언젠가는 하나님께 달라는 사람이 아니라, 하나님을 원하는 사람이 될 거다. 내 슬픈 눈동자는 이런 순수한 신학에 대한 갈망이 있었다.

나는 죄, 이웃 관계, 전쟁, 기근, 역병, 재앙 등, 백성들이 일상에서 부딪치는 일들을 하나씩 꺼내며 하나님의 도움을 요청하는 기도를 했다. 하나의 기도가 끝나고 다음 기도로 넘어갈 때마다 후렴처럼 반복되는 구절을 넣었다.

"이 성전을 바라보면서 기도하거든… 들어주소서."

기도문을 다시 읽으니 이 성전에만 특별한 카리스마가 있는 것처럼 느껴졌다. 그날 성전봉헌식에 참석한 모든 사람도 그랬을 거고, 이 소문은 널리 퍼져나갔다.

내 이야기를 편집한 구약성서의 열왕기서 종교사학자는 명석했다.

"솔로몬은 화목제를 드렸는데, 그가 주님의 제사에 드린 것은, 소가 2만2천 마리이고, 양이 12만 마리였다. 이처럼 왕과 이스라엘의 모든 백성이 주님의 성전을 봉헌하였다(열왕기상 8:63)."

성전봉헌식을 하던 날 드린 제물의 소와 양을 합쳐서 십사만이천 마리라니…! 그 많은 짐승을 어디서 어떻게 이동해 가져올 것이며, 어디서 누가 잡을 것이며, 그것을 제물로 드릴 제단이 있기는 하나? 성서를 문자 그대로만 해석하면 비성서적인 사람이 된다. 그들은 나의 나라가 그만큼 흥했다는 것을 주변 국가들에 보여주고 싶었다. 그러면서 내가 그만큼 사치스러웠다는 것과 과할 정도로 성전에 집착했다는 나의 숨은 의도도 은근히 드러내줬다. '이 또한 지나가리라'라는 명언을 남긴 전도자답지 않게 말이다.

마음이 상승하면 뒤끝은 공허이다

성전봉헌식을 치른 그 날, 나는 화려한 조명을 받았다. 마치 내가 하나님이 된 기분이었고, 마음껏 이를 즐겼다. 그리고 모두가 돌아가고 텅 빈 성전에 나 홀로 남게 됐다. 내 마음으로 돌아오니 그날에 상승한 기분만큼 엄청난 공허가 몰려왔다. 이 틈을 기다린 나의 슬픈 눈동자가 말했다.

'그래, 새로운 종교를 만들어서 네 마음이 안정됐니? 하나님을 부르기 전에 먼저 너 자신에게 정직하라.'

나는 마치 작은 하나님이라도 되는 것처럼 우쭐거렸다. 성전에 특별한 카리스마를 부여하며 사람들 위에 군림했다. 나는 원하지 않은 일을 집단의 수장으로 했을 뿐이라고 합리화했지만, 나의 허점을 잘 안다. 나는 속일 수 없다. 의도가 순수하지 않았다.

우리는 자신의 자유의지대로만 살 수 없는 운명을 가지고 태어났다. 그런 점에서 우리는 같은 운명이다.

"모두가 같은 운명을 타고났다. 의인이나 악인이나, 착한 사람이나 나쁜 사람이나, 깨끗한 사람이나 더러운 사람이나, 제사 드리는 사람이나 드리지 않는 사람이나, 다 같은 운명을 타고났다(전도서 9:2)."

같은 운명을 가지고 태어났는데 서로 비방하는 일이 얼마나 어리석은 짓인가. 서로 사랑하는 것만이 같은 운명공동체 사람들의 일이다. 언젠가는 같은 곳에서 하나 되어 다시 만난다.

15 나는 하나님 땅의 소작인이 아니라 지주가 됐다

누군가 많이 가지면 다른 누군가는 빼앗긴다.

성경은 성전건축에 관해서는 많은 기사를 할애했지만, 왕궁 건축은 매우 간단한 정보만 제공하고 있다. 두 배에 달하는 공사 기간과 더 많은 공사비용이 들어갔으면 할 말도 더 많았을 텐데! '솔로몬 왕궁의 건축은 13년 걸렸고, 비용도 더 많이 들어갔다(열왕기상 7:1 이하).'

욕망의 끝은 욕망이다

더 많은 백성들이 노역에 동원됐고 과한 세금을 징수

했다. 왕궁 건축의 십삼 년 동안 나와 백성들 사이에는 이어질 수 없는 금이 갔다. 나는 어느덧 왕국의 평화가 아닌 나만의 평화를 위하는 사람이 되고 있었다. 아니 나의 평화가 왕국의 평화인 것처럼 착각하고 있었다. 무엇이 문제란 말인가? 나는 잘살고 있다. 나라도 태평하다. 예루살렘 성전과 궁궐의 암막 커튼에 가려진 왕이 됐다. 동서고금을 막론한 폭군과 독재자들이 그렇듯이.

화려한 왕궁은 왕의 권위를 상징한다. 제왕들이 백성의 고통은 아랑곳없이 왕궁을 무리해서 크게 지으려는 이유다. 건축물은 오래가고, 그 세월만큼 왕의 이름도 회자한다. 그것이 헛된 줄 알면서도, 권위는 더 많은 권위를 추구하고, 사치는 더 많은 사치를 추구하는 법. 나의 멈추지 않는 돌진에, 누군가는 이 또한 지나간다는 교훈을 줘야 했었다.

내가 거처하는 왕궁은 최고여야 했다. 최고를 추구할 때마다 내 슬픈 눈동자는 그것이 이루어졌을 때를 연상시키며, 저만치 앞에서 아무 말 없이 나를 물끄러미 바라보고 있었다. 차라리 무어라고 말이라도 해 줬으면 좋겠는데 아무 말 없이. 내 슬픈 눈동자는 나를 소리 없이 절망의 나락으로 떨어뜨렸고, 내 총명한 마음은 슬픈 눈동자와 겨루어 이겼다. 화려한 왕궁을 짓겠다는 내 생각은 누구도 꺾을 수 없었다. 나의 자아는 총명한 마음을 편들었다.

나는 성전을 건축한 기술자에게 왕궁을 성전과 비슷한 양식으로 짓게 했다. 건축자재도 성전건축과 비슷한 것을 사용하게 했다. 성전은 하나님을 좌정케 하는 곳으로 경건한 상징성만 드러내면 됐다. 그러나 왕궁은 내가 거하는 곳으로 내 존재감을 과시하는 곳이니 당연히 더 많은 것들을 투자했다.

왕궁이 완공되는 날, 나는 오랫동안 꿈꿔왔던 성전과 왕궁을 일치시키는 제정일치祭政一致의 시대를 열었다. 나는 명실상부한 왕궁과 성전을 소유한 이스라엘 최대 지주가 됐다. 지식인들의 쓴소리도 있었다.

"솔로몬은 하나님 땅의 소작인이 아닌 지주가 되고 싶

없어."

그런 비난쯤은 반박하지 않고 그대로 놔두면, 다른 곳으로 흘러가게 마련이다. 나는 정치와 종교의 최고 권력자가 됐다. 후대에 성전주의자 아마샤 제사장이 정의의 선지자 아모스에게 한 말은 성전의 위상을 보여주고 있다.

"다시는 베델에 나타나서 예언을 하지 마시오. 이곳은 임금님의 성소요, 왕실이오(아모스 7:13)."

예루살렘은 나의 성소이고 왕실이었다. 그러면 백성들이 나를 이집트의 바로처럼 신격화해 줄줄 알았다. 그런데 원성만 높아졌다. 작은 하나님처럼 된 나를 사람들이 우러러볼 줄 알았는데, 경멸하며 내려다봤다. 세상의 재화는 한정돼 있는데, 누군가 많이 가지면 다른 누군가는 빼앗기게 마련이다. 많이 가진 자의 과대한 자기애는 가지지 못한 자의 자기애를 빼앗은 것이다. 내가 그렇게 그들의 자기애를 빼앗고 있었다. 나도 모르게 점점 그렇게 되었다. 모른다는 건 변명일 뿐 사실은 알고 있었다. 그저 모르고 싶었을 뿐이다.

지나가는 것에 너무 마음을 두지 말라

나의 원대한 계획이 다 이루어진 것을 흐뭇해하던 어느 날 밤이었다. 슬픈 눈동자의 불안이 나를 엄습해 왔다. 불안할 때면 늘 그러듯이 습관적으로, 선친이 유품으로 물려준 금반지를 손가락에서 '뺐다, 꼈다'를 반복하였다. 그러다가 무심코 거기에 새겨진 글귀를 봤다.

'이 또한 지나가리라' 내가 반지 세공사에게 새겨 넣으라고 한 그 글귀였다. 그러나 가진 것이 너무 많으면 지나가게 할 수 없다. 나는 너무 많은 것을 가졌다. 가진 것을 즐기면서도, 즐거움 또한 지나간다는 것을 괴로운 마음으로 직시해야 했다. 희로애락도 다 지나가는 것, 본래 없으나 있는 것으로 보일 뿐이다.

"내 손으로 성취한 모든 일과 이루려고 애쓴 나의 수고를 돌이켜보니, 참으로 세상 모든 것이 헛되고, 바람을 잡으려는 것과 같고, 아무런 보람도 없는 것이었다(전도서 2:11)."

성전과 왕궁 건축 이후 내가 누릴 수 있는 모든 부귀영화를 다 누린 이후로, 나는 헛됨의 세계관으로 급히 돌아갔다. 그곳은 나의 슬픈 눈동자가 있던 곳이다. 나의 총명한 마음은 내가 깨달은 것을 기록으로 남기기 시작했다. 내가 세상에 온 목적은 이스라엘에 부귀영화를 주기 위해서가 아니라 헛됨의 지혜를 몸소 배우고 전하기 위함이었다.

나의 부귀영화를 부러워하지 말라. 그것들은 다 없어질 헛된 것임을 하나님은 나를 통해서 말씀하셨다. 그런데 지금 많은 사람들이 솔로몬의 부귀영화를 달라고 기도하고 있다. 헛된 기도다. 부귀영화는 얻으면 얻을수록 지혜로부터 멀어진다.

16 내면의 아버지로부터 떠나는 두렵고 외로운 모험

남자는 아버지의 그림자로부터 떠나는 긴 여행 후에 참된 자기로 거듭난다.

아이가 태어나 세상에 적응해 가는 것은 그의 자아가 세상에 알맞게 세팅되는 것을 의미한다. 자아는 본래 있었던 깊은 무의식과 멀어져야 사회의 일원이 될 수 있다. 한편 사람은 본래의 자리에서 들려오는 소리를 들어야 태어난 목적에 맞게 살 수 있다. 자아가 세상일에 너무 매이면 본래의 자리와 가까운 무의식의 소리를 듣지 못한다. 그럴 때 무의식은 꿈으로 자아에 메시지를 전달한다.[21]

---

21 중년 이후에는 집단무의식에 있는 원형이 본래의 자기를 찾으라고 꿈의 상징으로 자아에 자주 말해준다. 폰 프란츠(Marie Louise von Franz)는 사람이 일생에 걸쳐 꾸는 꿈은 그의 성장(개성화)을 지향한다고 했다. 꿈

한 사람이 일생을 살면서 꾼 모든 꿈은 그의 삶이 어떻게 성장하고 있는지를 보여준다. 삶의 전환점에 꾸는 꿈은 실제보다도 더 생생하다. 그런 꿈은 평생 잊지 못한다. 변화의 동력을 제공하는 꿈이라 그렇다. 나는 꿈에서 많은 교훈을 얻은 요셉 못지않은 꿈의 사람이다. 나는 원하던 과업을 완수했다. 이스라엘의 경제, 외교, 국내정치, 문학, 거기다가 성전건축과 왕궁 건축 등. 아버지가 그리던 꿈의 과업을 내가 다 성취했고 상상은 현실이 됐다.

새 술을 낡은 부대에 넣으면 발효의 힘을 이기지 못해 낡은 부대는 터지는 법이다. 새 술은 발효의 힘을 견디는 새 부대에 넣어야 한다. 나는 한껏 발효시킨 새 술을 가지고 있었고 그 술을 담아낼 새로운 이념이 필요했다. 목적을 이룬 영웅들이 다음 순서인 새 부대를 만들지 못해

에 대한 전문적인 지식이 없다 하더라고 꿈을 소중히 여기고 의미를 찾는 일을 매우 중요하다. 내가 꿈을 중요하게 여기면 꿈도 나를 중요하게 여기고 더 깊은 의미를 제공한다. 반면 내가 꿈을 무시하면 꿈도 나를 무시해 꿔지지 않거나, 낮은 차원인 개인 무의식을 맴도는 꿈만 꿔질 수도 있다.

맞이하는 몰락을 나는 잘 알고 있었다. 영적 갱신을 해야
하는 이유였다.

황홀한 체험은 시간을 멈추게 한다

이러한 문제들로 고민하던 어느 날, 성전 안에서 늘 그
랬던 것처럼 넋이 나간 편안한 상태로 창조주를 그리워
하고 있었다. 이 시간만큼은 나의 모든 방어기제가 풀어
져 왕이 아닌 한 개인으로 창조주 앞에 작은 존재가 된
다. 긴장이 풀어진 나는 매우 평화스럽게 하나님의 현존
을 느꼈다. 마음과 온몸 마디마디로 전해지는 하나님 현
존의 평화, 시간이 멈췄으면 좋겠다는 생각을 했다. 그러
다가 스르르 잠이 들었다.

꿈속에서, 어떤 강한 빛이 기브온 산당에서처럼 나를
휘감았다. 그 순간 나의 영혼은 충만해졌다. 그분은 나
와 동일시된 어떤 대상이었다. 나와 결코 분리할 수 없는

분이었다. 나는 그분의 일부가 아니라 그분 자체가 되는 것 같았다.

그곳은 내 어린 시절에 동경해 오던 엄마의 품 같기도 했다. 엄마는 엄마 냄새와 감각으로 나를 만족시켜 줬다면, 빛으로 온 더 큰 엄마는 나의 시각을 만족시켜 줬다. 후각과 감각은 물질로 연결된 것이라면, 시각은 영원의 세계로 이어져 있다. 탈무드는 하나님은 아무 곳에나 계실 수 없어서 엄마를 세상에 보내주셨다고 한다. 나는 지금 엄마 하나님을 만난 거다. 비로소 나는 내가 되는 것 같았다. 예민해진 청각으로 들려오는 소리가 있었다.

"네가 나에게 한 기도와 간구를 내가 들었다. 그러므로 나는 네가 내 이름을 영원토록 기리려고 지은 이 성전을 거룩하게 구별하였다. 따라서 내 눈길과 마음이 항상 이곳에 있을 것이다(열왕기상 9:3)."

이 목소리는 나의 의심을 꾸짖는 아버지의 목소리 같았다. 아버지는 단순하고 확고한 믿음을 가지고 있었다. 나는 아버지와 다르다. 하나님은 낮의 해와 밤의 달과 같은 분이다. 이 성전을 거룩하게 구별한 하나님은 그 밖의 다른 곳도 거룩히 구별하는 분이어야 한다. 내 생각을 알았는지, 같은 목소리로 또 들려왔다.

"너는 내 앞에서 네 아버지 다윗처럼 살아라. 그리하여 내가 네게 명한 것을 실천하고, 내가 네게 준 율례와 규례를 온전한 마음으로 올바르게 지켜라(열왕기상 9:4)."[22]

---

22 프로이트는 신의 계율을 오이디푸스 갈등의 타협으로 봤다. 아동은 내적 불안을 달래는 방식으로 아버지의 말씀을 잘 듣는다. 프로이트는 종교적 계명이나 훈령들은 아버지의 말에 뿌리를 둔 초자아의 산물이다. 그리고 아동은 청소년기를 거치면서 아버지로부터 독립하여 이성을 만난다. 스스로 아버지가 되어 아버지에게서 벗어난다. 아동의 성장에 초자아가 중요하듯 종교적 성장에 계율은 중요하다. 아동이 성장하면 아버지의 계율에서 벗어나 자신의 계율을 만들듯이, 종교적으로 성장하면 신을 위한 계율을 스스로 만든다.

준엄하게 명령을 내리는 아버지의 목소리였다. 아버지처럼 살고, 아버지의 계율을 지키라고 다그쳤다. 계율은 필요하다. 그러나 계율에 속박당하는 한 새 술을 담을 새 부대는 없다. 나는 아버지 다윗이 아닌 솔로몬으로 살아야 한다. 내 생각을 알아차린 목소리는 나에게 협상을 해 왔다.

"그리하면 내가 네 아버지 다윗에게, 이스라엘의 왕좌에 앉을 사람이 그에게서 끊어지지 아니할 것이라고 약속한 대로, 이스라엘을 다스릴 네 왕좌를, 영원히 지켜주겠다(열왕기상 9:5)."[23]

이 말의 키워드는 '그리하면'이다. 그리하면 다 해주겠

---

23 프로이트는 아버지의 계율이 종교 대상에 대한 계율로 전이된다고 했다. 이것이 오이디푸스 콤플렉스의 '하나님상'이다. 꿈은 솔로몬이 외면하고 싶은 근본적인 갈등을 보여주는데, 기브온 산당에서의 꿈과는 달리 주님(아버지)은 솔로몬이 원하는 것을 묻지 않고 조건적 훈계만 하고 사라진다. 하나님으로 전이 되는 아버지의 메시지가 더는 솔로몬의 삶에서 중요하지 않음을 보여준다.

다. 하나님이 인간에게 협상 카드나 내놓는 분이겠는가. 도대체 이 세상 어느 누가 '그리하면'을 실천할 수 있을까. '그리하면'은 아버지가 평소에 아들들을 교육할 때 쓰던 화법이었다. '~하라, 그리하면 ~해줄 것이다.' 그 말은 맞았지만, 우리 형제가 배운 것은 아무도 '그리하면'을 실천할 수 없다는 것이다. 나는 아버지의 철봉 밑에서 턱걸이 연습이나 하는 아버지의 연습생이 되고 싶지 않다. 절대로. 나는 나의 철봉을 해야 한다. 나만의 '그리하면'을 수립해야 한다. 내 생각을 알아버린 마음속의 아버지는 나에게 경고했다. '그리하지 않으면 끊어지게 하겠다.'

"그러나 너와 네 자손이 나를 따르지 아니하고 등을 돌리거나, 내가 네게 일러준 내 계명과 율례를 지키지 아니하고, 곁길로 나아가서, 다른 신들을 섬겨 그들을 숭배하면, 나는 내가 준 그 땅에서 이스라엘을 끊어 버릴 것이고, 내 이름을 기리도록 거룩하게 구별한 성전을 외면하겠다. 그러면 이스라엘은 모든 민족 사이에서, 한낱 속담거리가 되고, 웃음거리가 되고 말 것이다. 이 성전이

한때 아무리 존귀하게 여김을 받았다고 하더라도, 이곳을 지나가는 사람마다 놀랄 것이고 '어찌하여 주님께서 이 땅과 이 성전을 이렇게 되게 하셨을까?' 하고 탄식할 것이다(열왕기 9:6~8)."

하나님이 인간에게 명령해놓고 인간이 듣지 않으면 모조리 끊어버리는 그런 잔인한 분일 수 있는가? 저 목소리는 하나님이 아닌 내면화된 아버지 목소리였다. 나는 오랫동안 아버지상을 하나님상으로 착각하고 있었다. 오랫동안 내면화된 아버지의 목소리에서 벗어나 나만의 메시지를 만드는 것이 곧 새 술을 담을 새 부대를 만드는 것이다.

이스라엘을 끊어버리겠다는 것은 아버지가 아들의 지위를 박탈하겠다는 뜻이다. 성전을 외면하겠다는 것은 아버지 없이 네 길을 스스로 알아서 가라는 것이다. 나는 아버지의 경고가 두렵지 않았다. 나는 아버지를 존경했지만, 아버지처럼 살지는 않는다. 그 목소리는 내 마음의 소리를 들었던지 기브온 산당에서처럼 내가 원하는 것이 무엇인지 묻지 않고 그냥 떠났다. 내 마음속의 아버지를 보내드린 거다. 내 것처럼 된 아버지의 '하나님상'도 보내 드린 거다. 나는 자유로워졌고, 독립적인 존재가 됐다. 아버지가 아닌 하나님 자체로부터 지원받고 있다는 느낌이 들었다.

마침내 나 솔로몬이 되다

나는 이 꿈으로 전설적인 왕인 다윗과 분리할 수 있었다. 문관인 나는 무관인 아버지와는 당연히 달라야 한다. 이성의 한계를 이성적 사유로 넘으려는 나, 이성의 한계를 신앙으로 보상받으려는 아버지, 우리는 많이 달랐다. 아버지는 유대 전통과 문화를 고집했지만, 나는 타문화권에 대한 다양한 지식을 섭렵했다. 아버지는 욕망을 자제하여 신앙을 얻었다면, 나는 욕망의 질퍽거림에 빠져서도 남들이 외면한 지혜를 건져 올렸다. 우리 부자는 방법은 달랐지만, 참 자기로 살았다. 나와 아버지, 그리고 모든 사람들은 그 수만큼 여러 개처럼 보이나 시간과 공간을 초월해 하나인 '참 자기'로 연결됐다.

"이미 있던 것이 훗날에 다시 있을 것이며, 이미 일어났던 일이 훗날에 다시 일어날 것이다. 이 세상에 새것이란 없다(전도서 1:9)."

존재하는 모든 것들은 새로울 것도 헌것도 없이 이미 하나이다.

17 내적 현실은 그것이 반영된 외적 현실을 만든다

집단은 분열과 일치, 그리고 파괴와 건설을 수없이 되풀이하면서 역사를 발전시킨다.

내 뒤를 이어 나의 아들인 르호보암이 왕이 됐다. 왕이 될 준비 없이 너무 쉽게 왕이 된 아들은 정치적 계산도 없이, 나의 지혜를 배우기도 전에, 백성들의 욕망보다는 자기 욕망에 충실했다. 나라는 혼란에 빠졌다. 그때 나의 심복인 여로보암을 주축으로 북쪽 사람들이 반기를 들었다. 왕국은 다윗과 나를 추종하는 남쪽 유대와 반기를 든 북쪽 이스라엘로 분열됐다.

왕국 분열의 근본원인은 두 개로 분열된 나의 마음 때문이었다. 총명한 마음과 슬픈 눈동자, 이 두 개가 하나의 나라를 둘로 분열시켰다. 세상은 일치와 분열을 반복하면서 진화한다. 사람의 내적 성장도 그렇다. 분열은 파괴가 아니라 새로운 창조를 위한 역사의 발전과정이고, 일치는 또 다른 창조를 위한 준비기이다.

르호보암은 즉위 3년 동안 전통을 고수하면서 왕위를 수행하려 했으나 혹독한 평가를 받았다. 17년 즉위 기간, 그는 지혜가 없고 미련하여 백성을 반역으로 몰아넣은 자로 평가받았다.[24] 그는 무대에서 자기 역할에 충실하지 않고 다른 배우를 모방하려 했다. 자기를 잃은 사람은 타인도 구할 수 없다.

북쪽의 왕인 여로보암은 내가 키운 심복으로 정치력은 뛰어났으나, 남쪽과 비교하면 정통성이 부족했다. 그는 정통성에 대한 반감으로 전통을 무시한 정책을 펼쳤다. 사관들은 그에게 '여로보암의 길로 행한 자'라 하여 고약한 평가를 했다. 그는 유대인의 배타적 우월주의를

---

24 The Wisdom of Ben Sirach: 구약성서 외경의 한 책에서 나온 평가

되돌아보고 반성하게 해준 왕이었으나, 그의 역할은 거기까지였다.

흥망성쇠는 개인 혹은 집단의 진화를 위하여 그들 스스로 만든다. 이후 펼쳐지는 이스라엘 민족의 고난행렬은 세계사에 시사하는 바가 크다.

Chap.2

I

참된 지혜는
헛됨의 사색에서 나온다

솔로몬의 지혜는 전도서에 기록돼 있다. 그런데 전도서는 영원한 진리가 담기지 않았다고 하여 오랫동안 소외당해 왔다. 솔로몬의 지혜는 그를 사랑하는 사람들에게조차도 전해지지 못한 채 암막 커튼 안에 있어야 했다.

사람들은 전도서에서 자기에게 도움이 되는 구절만 취사선택하거나, 입맛에 맞는 구절만 설교를 통해 접한다. 새로운 메시지를 접하면 자신의 신앙이 위협받을지 모른다는 두려움 때문이다. 전도서는 정말 그런 책인가?

전도서의 많은 내용이 고대 근동의 다른 지혜 문서에서도 발견되기 때문에, 성서 비평학을 공부한 이들은 전도서의 모든 내용이 솔로몬의 원저작이라는 점에 이의를 제기하기도 한다. 그렇다고 하더라도, 나는 성서 편집자의 정직성을 믿는다. 편집 문서가 읽히는 상황과 편집자의 의도에 따라 내용의 가감은 있었을지라도 전도서에 솔로몬의 핵심 사상은 녹아 있다고 생각하기 때문이다.

특히 1부에서와같이 솔로몬의 삶을 정신분석적으로

재구성한 것을 전제로 하면, 전도서에 드러난 솔로몬의 사상은 진실을 그대로 담고 있다고 해도 무리는 아니다. 한 사람의 삶과 사상은 함께 가기 때문이다.

나는 솔로몬의 삶을 구성하는 두 축인 '슬픈 눈동자'와 '총명한 마음'으로 전도서를 해석했다. 전도서 12장에서 13가지 주제를 발췌했다. 1부와 달리 솔로몬의 고백이 아닌 나의 해석으로 서술했다. 아마도 솔로몬도 박수를 쳐 주지 않을까?

독자들은 전도서 각 장을 먼저 읽고, 글을 읽으면 이해가 더 쉬울 것이다.

+

꼭 필요한 경우를 제외하고는
장마다 인용한 전도서 구절의
출처를 밝히지 않았다.

+

솔로몬, 나는 지혜를 사랑했지만 쾌락도 좋아했다

1 시간론 - 시간은 직선으로 흐르지 않고 원으로 돈다

> "해는 여전히 뜨고, 또 여전히 져서, 제자리로 돌아가며, 거기에서 다시 떠오른다(전도서 1:5)."

히브리인들은 직선적 역사관을 가지고 있다. 시간은 계속 앞으로 진행하는 것이며 창조가 있으면 종말이 있다고 생각했다. 그래서 창조 속에 종말이 있고 종말에도 창조가 있다는 역설적인 역사관을 그들은 이해 못 했다. 만일 시간이 직선이고, 인간은 그 위를 앞으로만 달리는 존재라면, 세상은 점과 점이 선으로 이어지는 2차원이 된다. 유물론적 세계관이 여기에 속한다. 그러면 인생은 점 하나 찍고 선을 긋다가 아침 안개와 같이 사라지는 존재에 불과할 것이다.

만일 우주선을 타고 우주여행을 한다면, 그곳의 시간

은 지구의 시간과 다르다는 것을 누구나 알 수 있다. 그곳의 시간은 입체 공간과 같을 거다. 아인슈타인도 시간을 공간의 개념 안에 넣음으로써, 시간을 상대적인 것으로 이해했다. 그는 상황에 따라서 혹은 나이에 따라서 시간의 길이가 다른 것은 단지 느낌뿐만이 아니라, 사실이라고 했다. 직선으로 보이는 시간 안에는 무수히 많은 원의 시간이 있다. 창조와 종말은 지금, 이 순간에도 끝없이 되풀이된다. 이것이 시간의 순환법칙이다.

직선의 시간을 사는 사람들은 현세의 축복이 삶의 최고 목표가 된다. 구약성서의 축복은 주로 현세의 것을 누리는 것이고, 현대 구약성서신학자들은 구약성서에 내세관이 없다는 데에 대체로 동의한다. 이스라엘의 전설적 존재인 아브라함의 삶은 목표를 향하여 직선의 길을 가는 것이었고, 그가 받은 축복은 땅과 자손이었다. 거처할 곳이 없이 유랑하는 히브리인들의 소원이 땅과 자손이었던 것은 전혀 이상하지 않다. 시간관은 역사적 정황에 영향을 받는다. 고대 근동을 유랑하던 소수민족 히브리인들의 시간관을 오늘 우리가 그대로 가져올 필요는 없다.

셰익스피어의 희곡 〈베니스 상인〉에는 유대인 고리대금업자 '샤일록'이 나온다. 만일 그가 죽음 이후에도 계속될 삶에 대한 믿음이 있었다면 돈을 신주로 모시지는 않았을 거다. 샤일록은 유대인들의 무의식 깊은 곳에 흐르는 세계관을 대변해 주는 인물이다. 지금의 성공이 최종 성공인 그들은 처세술에 능하다. 유대인이 전 세계의 경제 흐름을 주도해 나가는 것은 그들의 뛰어난 두뇌 때문이기도 하지만, 그들의 세계관이 땅과 자손을 축복으로 여기는 아브라함과 같은 선상에 있어서이기도 하다. 유대인의 정신적 유산인 탈무드를 읽어보라. 거기에는 현세와 처세와 관련된 교훈이나 우화로 가득 차 있고 초월적이고 영적인 지혜는 간혹 있을 뿐이다.

다윗은 전쟁터에서 칼과 창으로, 어떤 때는 더 험한 무기로 근접거리에 있는 적을 찔러 죽여야 했다. 다윗의 불규칙하고 예민한 감정 곡선은 전쟁터에서 생긴 괴로운 살인의 추억 때문이었다. 그뿐만 아니라 아내인 밧세바의 첫 남편을 살인 교사했다는 죄책감, 그래서 태어난 아들이 칠 일 만에 세상을 떠난 죄책감이 있었다. 이런 부모 마음의 기류로 솔로몬은 어린 시절부터 죽음의 그림자에서 벗어날 수 없었을 것이다.[25] 죽음은 솔로몬 마음의 그림자이면서 동시에 지혜에 이르는 생각 거리를 제공해 주는 벗이었다. 죽음과 친해지지 않고는 그 누구도 참된 지혜의 세계에 이를 수 없다.

직선의 시간, 타원의 시간

솔로몬은 보이는 것에서 보이지 않는 것의 원리를 찾아내려 애를 썼고, 보통 사람은 보지 못하는 삶의 원리를 찾아내기도 했다. 오감으로 느끼는 시간은 직선이지만, 마음으로 느끼는 시간은 원(타원)이다. 직선은 원을 품을 수 없지만, 원은 직선을 품을 수 있다. 직선은 아무

---

25 프로이트는 무의식에 관해서 설명하면서, 아동이 그의 부모가 가르쳐주지도 않은 것을 어쩌면 그렇게 답습하는지 경이로움을 표한 적이 있다. 아동은 그들 부모의 교육이 아니라, 무의식적인 교류로 더 깊은 영향을 받는다.

리 길어도 원안에 갇히고, 직선도 계속 앞으로 나가면 하나의 거대한 원을 만든다. 그것은 시간 안에 있는 영원성이다. 사람이 아주 기뻐하거나 슬퍼하는 것들, 알고 보면 다 순환하는 시간 안의 한 점에 불과하다. 어느 것 하나도 고정되지 않고 반복된다. 시간의 흐름에 맡기고 기다리면 회전목마처럼 순환하는 것들을 우리는 붙들고 있으려다 그만 고통받는다.

이스라엘의 가나안 정복역사를 읽어보면, 하나님은 여리고성을 곧바로 쳐부수지 말고 매일 한 바퀴씩 엿새 동안 돌라고 하셨다. 그들은 성을 빙글빙글 돌면서 뭔가가 되풀이되고 있다는 것을 느꼈을 거다. 그들은 시간은 직선이 아니라 원이라는 것을 배워야 했고, 순환의 원리에 따라 정복하는 그들도 언젠가는 정복당한다는 이치를 깨달아야 했다. 직선에는 순위가 있으나 원에는 순위가 없다. 여리고 성이 무너진 것은 너희들이 정복한 것들도 언젠가는 무너질 때가 있다는 것을 가르쳐주는 교훈이었다. 이러한 인식은 원의 시간에서만 가능하다. 솔로몬의 '헛됨의 철학'은 그의 순환적 세계관에서 나왔다.

원에는 '영원한 현재'가 있다. 솔로몬은 부귀영화를 누린 일국의 왕이었지만, 마음속 깊은 곳에는 그것과 반대되는 또 다른 솔로몬인 누추한 거지를 만나야 했다. 그의 내면의 삶은 상승하면서 하강했고, 하강하면서 상승했다. 이 둘의 간격은 벌어질수록 공허하다. 조울증은 기분의 상승과 하강이 너무 커서 생긴 마음의 병이다.

솔로몬은 자타가 공인하는 이스라엘 최고의 식자였으면서도 아무것도 모르는 무식쟁이처럼 욕망에 충실하기도 했다. 그는 총명하기도 했고 무지하기도 했다. 직선의 시간은 서로 모순되는 것들을 품을 수 없지만, 원으로서의 시간은 모순된 것들을 다 품을 수 있다. 세상은 온갖 모순된 것들이 서로 짝을 이루어 운행되는 곳이다. 그 모든 점들은 시작도 끝도 아닌 '영원한 현재'이다. 서로 다른 상극이 더는 간격이 없어져 영원한 현재에 편입되는 것, 온전한 일치를 이루는 것, 그것이 인간이 신이 되는 것이다. 예수님은 신과 인간의 이런 상태를 부자 관계로 표현했다.

시간은 돌고 돈다

솔로몬은 일상의 사사로운 자연법칙에서 원의 시간을 발견했다. 하늘에 떠 있는 해를 보자. 해는 동쪽에서 떠오르고 서쪽으로 진다. 그 해는 다시 동쪽에서 떠서 서쪽으로 또 진다. 그렇게 계속 돈다. 시간은 가는 것이 아니라 도는 것임을 너무 분명히 보여주고 있지 않은가. 시계의 원조인 해시계는 돌면서 시간을 알려준다. 그러니 현재에 있는 것은 미래에도 있고, 미래에 있을 것은 과거로 갔다가 다시 현재로 돌아오는 것은 정한 이치이다. 원의 시간에서는 과거, 현재, 미래의 구분이 따로 없다.

"바람을 봐라. 바람도 한쪽으로부터 불면 다른 쪽으로 가고, 돌고 돌다가 불던 곳으로 되돌아온다. 바람도 부는 것이 아니라 도는 거다. 강물은 바다로 흘렀다가 수증기가 되어 하늘로 오르고, 비가 되어 다시 강물로 되돌아온다. 강물은 흘러 지나가는 것이 아니라 흘러 돈다. 사람도 한 세대가 가면 같은 유전인자를 가진 또 한 세대가 와서 인생을 되풀이한다(1:5~9)."

우리는 거대한 우주의 순환과정에서 아주 짧은 순간을 돌고 있다.

"이미 있던 것이 훗날에 다시 있을 것이며, 이미 일어났던 일이 훗날에 다시 일어날 것이다. 이 세상에 새것이란 없다(1:9)."

새것은 따로 있는 것이 아니라, 이미 있던 것을 새롭게 보는 눈을 가지는 일이다. 새로운 것을 봤다는 것은 없던 것을 본 것이 아니라, 이미 있던 것을 지금 나의 것으로 깨달았다는 것이다.

솔로몬은 지혜를 얻었지만, 그 지혜는 이미 오래전에 있었던 것으로 그의 것도 아니고 새것도 아니다. 이 세상에 나의 소유는 본래 없다. 심지어 내 육체도 영혼이 떠나면 한 줌의 흙이 되어 대지로 돌려줘야 한다. 영혼도 세상을 떠나면 있던 곳으로 돌아가니 자아_ego의 소유일 수가 없다. 내 생명을 나의 소유로 아는 것은 생명을 소중히 여기는 것이 아니라 생명이 무엇인지 모르는 거다.

직선의 시간에서는 내 것은 내 것이 되었다가, 직선이

끝나 곳에서 나도 없어지고 내 것도 없어진다. 원의 시간에서는 내 것은 우리의 것이고, 우리의 것은 또한 내 것이된다. 솔로몬이 지혜와 지식의 대가이면서도 그것들의 무용론자가 됐고, 부귀영화를 누리면서도 그것의 헛됨을 외친 것은 이런 이유에서다. 뭐든지 생성하면 소멸하고 다시 생성하고, 새것은 헌것에서 나왔고 헌것은 또 다른 새것을 창조한다.

2 자기(Self)론 - 자기실현은 세상이 헛되다는 것을 자각함으로 시작된다

> "그러니 산다는 것이 다 덧없는 것이다. 인생살이에 얽힌 일들이 나에게는 괴로움일 뿐이다. 모든 것이 바람을 잡으려는 것처럼 헛될 뿐이다(전도서 2:17)."

사람은 아는 만큼 사는 것이 아니라 사는 만큼 알아가는 존재이다. 너무 많이 알면 다 이용하지도 못해 억압할 것도 많아지고, 아는 그것에 의하여 삶은 분리되고 만다. 그런 사람은 머리만 크고 손발은 머리가 지시하는 곳으로 따라가지 못하는 사람이 된다. 억압된 것들은 더 큰 욕망이 되어 분출할 기회를 찾고, 분출된 것들은 창조의 에너지가 되어 제 짝을 찾아 나선다. 문명이 탄생하고 발달하는 과정이다. 억압과 문명은 불가분의 관계에 있다. 억압이 없는 사람들은 비문명 국가를 이루는데, 그들은 문명국가의 사람보다 더 행복하다.

마음껏 즐기지도 못했으면서 그나마 즐긴 것을 후회하는 삶은 비참하다. 솔로몬은 말한다. "내가 시험 삼아 너를 즐겁게 할 것이니, 너는 네 마음껏 즐겨라(2:1)."

즐거움은 밑이 터진 금기에서 나오고, 금기를 뚫으면 새로운 것이 창조된다. 천동설을 뚫고 지동설이 나온 이치이다. 아담과 하와는 에덴동산의 금기를 뚫어 인류 역사의 원조가 됐다. 그렇지 않았다면 세상은 원형의 형태로만 곱게 보존됐을 거다.

절제는 억압이다

솔로몬은 어린 시절부터 매우 절제된 삶이 몸에 배었다. 형들에게는 가끔 허용되는 귀여운 일탈도 엄마의 야망 탓에 허가되지 않았다. 어른 흉내를 내며 살아야 했던 어린 시절, 그의 무의식에는 억압된 유아적 욕망이 쌓이고 있었다. 억압된 욕구는 없어지는 것이 아니라, 낯선 인격을 만들어 밖으로 활동할 기회를 노린다. 솔로몬에게 그답지 않은 인격들이 나온 것은 억압된 것들의 출현이다. 심리학을 아는 사람이라면 충분히 예상된 일이다. 억압된 것들은 속에 있어 잘 안 드러나지만, 언젠가는 그 실체를 외부로 드러낸다. 좌충우돌할 때도 있지만, 그것이 또한 창조가 되는 역설이 이 세상에는 통한다.

해도 되는 것과 안 되는 것의 구분은 인간이 만들어 놓은 그물이다. 해도 되는 것만 하는 삶은 안정적이지만 창조성은 없다. 해도 안 되는 것에 도전하고 모험을 시도하는 사람은 위험하고 손해를 입기도 하지만, 삶이 역동적이고 창조적이 될 가능성이 더 크다. 전자는 보수, 후자를 진보라고 한다. 전자는 억압을 지켜냄으로써 사회의 질서를 유지한다면, 후자는 억압된 것들을 방출함으로써 사회를 개혁한다. 이 두 가지는 서로 순환하여 앞서거니 뒤서거니 한다. 그러나 집단이 원하는 내가 아닌 진정한 자기로서 살려면, 내면에 깊이 억압된 것들을 꺼내어 쓸 용기가 있어야 한다. 선각자는 집단으로부터 따돌림당할 위험을 무릅쓰고 억압으로부터 자기를 풀어내는 사람이다.

죽음을 무릅쓰고 금단의 구역에 있는 보물을 캐러 나서는 사람이라야 그 보물과 자기와의 관계를 경험적으로 알 수 있다. 진정한 자기실현은 학습이 아니라 삶이다. 보물은 죽음이 두려운 사람에게는 멀리 있고, 죽음이 두렵지 않은 사람에게는 가까이 있다. 두려움이 많으면 질병도 많다. 그는 낮은 주파수대의 삶만 살다가 떠난다.

사람에 따라 암은 두려움이 많아 자기를 구현하지 못해 생긴 병일 수도 있다. 암은 두려움을 없애고 기꺼이 자기를 노출함으로써 예방된다. 이미 암에 걸렸다면 암을 이겨내는 전략을 세울 것이 아니라, 먼저 암이 주는 두려움을 두려워하지 말라. 암을 사랑하라. 돌고 도는 원의 세계에서 두려움이란 본래 없다. 두려움의 실체는 두렵게 생각하는 것이다. 억압된 것들은 생각과 감정들이지, 그 실체는 없는 것과 같다.[26] 이런 마음의 통찰만 있

---

26 심리치료 임상에서 내담자는 억압된 것들에 관해 이야기하면서, 그것들이 어떤 실체가 있는 것이 아니라 생각과 감정의 덩어리라는 것에 놀라워한다. 심리치료는 억압된 것들의 실체는 없고, 다만 거기서 파생된

어도 두려움은 잠깐의 감정일 뿐, 우리를 이기지 못한다.

두려움은 허상, 두려움과 직면하라

사회의 합의된 금기는 새로운 경험을 찾아 나서는 사람을 두렵게 한다. 솔로몬은 대국의 왕이었기에 집단이 억압한 것들을 두려움 없이 방출했고 거기서 지혜를 얻었다. 집단의 합의된 틀에서 나오지 못하는 자신을 합리화하지 말라. 삶을 가볍게 하는 지혜는 두려움이라는 마음의 착각을 내버리는 단순함에서 나온다.

앞에서 솔로몬 역시 두려움과 맞서면서 자기를 실현해 갔음을 밝혔다. 두려움이 가장 두려워하는 하는 것은 두려워하지 않는 마음이 아니라, 어떤 두려움도 만날 준비를 한 사람이다. 자, 지금 여러분이 가장 두려워하는 것

생각과 감정뿐이라는 인식을 하게 함으로써 내담자에게 편한 자신감을 준다.

은 무엇인가? 실체가 없는 과거 또는 미래의 것에 현재가 휘둘린다. 그 두려움을 피하지도 말고 과장하지도 말고 있는 그대로 느껴보라. 두려움은 자아의 착각이라는 것을 알게 될 것이다. 그 순간 허무해진다. 이때의 허무는 두려움으로부터 자유로워진 상태의 허무로, 자기실현의 기반이다. 세상이 허무하지 않으면 세상에 갇혀, 자기가 아닌 집단을 구현하는 삶을 산다.

솔로몬은 예루살렘에서 할 수 있는 모든 즐거움을 다 누려봤다. 솔로몬과 같은 사람은 없었다. 그러나 괴로움과 슬픔뿐, 특히 밤에는 더 큰 외로움이 밀려와 주체할 수 없었다. 다 헛된 짓이었다. 솔로몬은 깨달았다. 욕망은 욕망을 타고 더 높은 욕망으로 날아가고, 결국, 바람을 잡으려는 헛된 짓이라는 사실을.

금단의 열매로 숨겨놓은 그곳, 그 길은 오랫동안 사람들이 가지 않은 외롭고 험난한 길이다. 인류사에 영향을 끼친 거장들은 자신의 욕망과 직면하는 두려움을 피하지 않았다. 그들은 거기서 위대한 지혜를 얻었다. 그러나 솔로몬의 지혜는 그 지혜도 헛됨을 인식하는 것으로 한 걸음 더 나간다. 이 세상에 지혜도 없어지는 것 중의 하나이다. 삶의 주체는 자기이지, 지혜가 아니다. 지혜를 의존하는 순간 사람은 지혜에 종속당한다. 하나의 지혜를 얻었으면 그거에 머물지 말고, 더 확장해 나가라. 영원불변하는 지혜는 없다. 영원불변하는 '자기'[27]가 있을 뿐이다.

각자는 자기만의 방법으로 지혜의 구도자가 돼야 한다. "사람이 세상에서 온갖 수고를 마다하지 않고 속 썩이지만, 무슨 보람이 있단 말인가(1:22)?" 이 또한 지나간다. "책은 아무리 읽어도 끝이 없고, 공부만 하는 것은 몸을 피곤하게 한다(12:12)." 지혜는 읽는 순간 없어진다. 지혜는 깨닫는 것이지만, 어떤 지혜라도 깨닫고 나면 흘러가게 놔둬야 한다. 붙들어 두면 고여 썩는 물이 된다. 참된 지혜는 지혜 추구의 욕망마저 버리는 거다. 욕망이 사라진 그 자리에는 신성으로 투사되는 자기가 해같이

---

27 칼 융은 자기는 하나님 상으로 투사된다고 했다. 하나님이 영원하듯 하나님께 속한 존재는 영원불변하다.

빛난다.

솔로몬이 체득한 지혜는 단순하다. 하나는 "자기가 하는 수고에서 스스로 보람을 느끼는 것, 이보다 더 좋은 것은 없다(전도서 2:24b)."이다. 다른 하나는 '이것도 하나님이 주신 것 (전도사 2:24c)'이다. 지혜를 얻은 사람은 받은 몫으로 즐겁게 산다. 그러나 의식주의 만족에서 오는 이기적 즐거움과는 근본으로 다르다. 예루살렘에는 즐겁지 않은 부자도 있었고, 즐거운 가난한 사람도 있었다. 자기를 구현한 사람은 외적 조건과는 상관없이 사는 일이 다 즐겁다.

③ 양극론 - 서로 다른 일들은 항상 일어난다

"사랑할 때가 있고, 미워할 때가 있다. 전쟁을 치를 때가 있고, 평화를 누릴 때가 있다(3:8)."

솔로몬은 어려움에 빠진 사람을 위로했다. '인생의 순간이 전부가 아니다. 힘들 때가 지나면 편할 때도 온다. 모든 것들은 반복된다.' 힘든 사람은 반복하게 하는 주체가 누구냐고 물을 것이고, 지혜는 그 주체가 바로 자신임을 알려준다. 자기 스스로 힘든 일을 만들었다고 믿고 싶지 않은 이유는, 힘든 일은 나쁜 일이라는 집단인식 때문이다. 사람은 자기 안에 없는 것을 창조할 수 없다. 누구나 내면에 힘듦이 있고, 그 힘듦이 힘든 일을 만든다. 힘든 일은 신의 저주가 아니고, 내가 못나서 그런 것도 아니다. 힘든 일은 그 일대로 그것의 창조적 영역이 있다.

솔로몬은 인생이 기쁜 사람들에게도 말했다. '교만해 하지 마라. 지금 힘든 일들이 급행열차를 타고 당신을 향해 달려가고 있다. 당신은 그 일을 피할 수 없다. 험할 때는 겸손을 배우는 거고, 잘 나갈 때는 겸손으로 사는 거다.' 나쁜 일과 함께 오지 않는 좋은 일은 동물적 만족에만 탐하는 사람을 만든다. 사람은 얻은 지혜만큼만 겸손해진다. 겸손이 힘든 것은 지혜 얻는 일이 힘들기 때문이다.

빛과 어둠은 최고의 궁합이다

솔로몬은 사랑에 빠져 앞뒤를 못 보는 젊은이들에게 귓속말로 말했다.

'사랑에 빠졌다고? 곧 미워할 때도 온다. 미워할 때도 비난하지 않는 것이 진정한 사랑이다. 사랑에 빠지는 것은 미워할 때를 위함이다.'

한국 사람들은 왜 이혼율이 높을까? 사랑은 하는데 미워할 줄을 몰라서다. 사랑과 함께 오는 미움을 아예

버리려 하기 때문이다.[28] 정의감이 넘쳐서 세상을 구원할 수 있다고 믿는 사람들, 그들의 의지는 높이 평가된다. 그러나 지혜는 세상은 선이 이길 때가 있고 악이 이길 때도 있다고 한다. 재판정에서조차도 악이 면죄부를 받고 의가 처벌을 받을 때가 있다. 그게 옳다는 것은 아니지만 그게 세상이다. 어리석은 사람은 지금 여기서 벌어지는 현상에 분노하고, 비난하고, 분열시키지만, 지혜는 기다리며 그 의미를 찾는다.

솔로몬도 그런 관례를 뜯어고치지 못했다. 뜯어고치려 할수록 은밀한 곳에서 악은 더 자란다. 세상에는 이성으로 이해 안 되는 원리가 아주 많다. 악은 선을 잉태하고, 선은 또한 악을 잉태한다. 이 둘이 서로 마주하며 에너지를 발산하고 세상은 그 에너지로 움직인다. 선만 있는 세

---

28 사랑의 양가감정을 배우는 시기는 대략 4세 전후의 오이디푸스 콤플렉스 시기이다. 아이는 엄마 혹은 아빠가 자신에게 온전한 사랑의 대상이 아님을 인식하게 된다. 특정 대상을 놓고 '좋아, 미워'를 반복하는데, 이는 아동이 사랑에는 미움도 있음을 배워가는 과정이다. 오직 사랑만 하는 사랑을 구하는 마음은 유아적 동경에 불과하다. 사랑하고 미워도 하는 사랑과 미움의 통합은 우리 식으로 미운 정 고운 정이고, 이는 매우 성숙한 사랑이다.

상, 또는 악만 있는 세상은 어떤 역동적인 일도 일어나지 않는다. 죽은 세상이나 다름없다. 하나님이 창조하신 에덴동산에도 선악의 대립이 있었다. 하물며 에덴동산 밖에서야…! 선악에 대한 우리들의 가치판단은 신중히 고려돼야 한다.

생각하기를 싫어하는 사람들은 물을 것이다. '그러면 악을 저질러도 좋단 말인가?' 이미 세상을 선악으로 분리해 놓은 전제에서 나온 이 질문에 대한 명쾌한 답은 없다. 그들에게 묻고 싶다. '당신이 선 또는 악이라고 정의한 것이 정말 선이고 악이겠는가?' 잘 생각해 보라. 사람은 스스로 악을 행하면서 악인 줄 모르고, 스스로 선을 행하고도 선인 줄 모른다. 육십갑자를 한 바퀴 도는 회갑이 되어서야 선과 악은 어느 것 하나를 취하거나 버릴 수 없다는 것을 제대로 안다. 나이 육십에 제대로 철든다는 말은 이래서 나왔다. 철들었다는 것은 서로 다른 두 가지 현상을 다 받아들이는 능력을 말한다. 그러면 마음이 넉넉해 여유가 생기고 이분법적 세계관이 없어진다. 그러나 환갑에 드는 철의 양도 자기 몫이 있다. 욕심부리지 말라.

지혜를 시험하는 고약한 질문도 있다. '그러면 폭력주의자 히틀러와 비폭력주의자 간디를 비교해 보세요?' 간디는 성인이고 히틀러는 악인이다. 우리는 히틀러처럼 살지 말고 간디처럼 살아야 한다고 종용받아 왔다. 그게 가능했다면 지구는 이미 낙원이 됐을 거다. 천국을 그리워할 필요도 없다. 명심하라. 우리가 열망하는 낙원은 인간에게 변화와 창조를 위한 어떤 선택권과 결정권도 허락하지 않은 공동묘지 같은 곳이다. 에덴동산의 아담과 하와는 동산지기에 불과했다. 뱀이 있어야 한다. 진정한 낙원은 뱀이 있어 인간의 자율권 행사가 가능하고, 역동성이 있다. 그런 곳이 진정한 낙원이다.

히틀러와 간디는 극과 극의 삶을 살다 갔다. 심리학자, 교육학자, 사회학자, 생물학자는 그 원인을 타고난 기질과 성장환경 그리고 교육의 탓으로 설명하려 할 것이다. 그러나 간디와 같은 기질과 환경을 가졌고 같은 교육을 받았다고 간디가 되는 것은 아니다. 히틀러와 같은 기질과 환경을 가졌고 같은 교육을 받았다고 히틀러가 되는 것은 아니다. 히틀러와 간디는 한 개인의 마음을 구성하는 두 개의 축이고, 역사를 구성하는 두 개의 축이다.

히틀러에게도 간디의 피가 흐르고, 간디에게도 히틀러의 피가 흐른다. 간디는 유대인에게조차도 히틀러에게 비폭력으로 저항하라 했고, 가정에서는 아버지와 남편으로서 무책임하고 냉담함으로써 자신 안의 숨은 히틀러를 드러냈다. 히틀러는 어린 시절에 본인이 원했던 화가로서의 길을 가지 못한 사랑의 목마름이 있었다. 선악의 문제를 설명하는 일은 인간 언어로 불가능하다. 에덴동산의 중앙에 있는 선악과를 따 먹지 말라는 금기는 인간이 선악을 구별하는 주체가 돼서는 안 된다는 점을 가르친다. 인간이 선악을 구별하는 순간 세상은 좋은 것과 나쁜 것의 이분법으로 나뉜다. 그리고 상대를 적으로 여길 것이고, 그러는 한 세상에 평화는 없다.

"지금 있는 것은 이미 있던 것이고, 앞으로 있을 것도 이미 있었던 것이다. 하나님은 하신 일을 되풀이하신다 (3:15)." 원의 세계관에서는 서로 다른 양극이 순환한다. 양전자와 음전자로 나뉘는 미시세계가 그렇고, 빛과 어둠으로 나뉘는 거시의 세계가 그렇다. 잘 사는 인생은 직선의 선두를 지키는 것이 아니라, 순환의 고저를 잘 너울거리는 거다. 순환하는 세계에 서로 다른 일들은 개인, 가족, 국가, 세계에 항상 일어난다.

슬픔? 솔로몬이 살던 시대는 자식을 재산목록에 넣었지만, 그렇다고 자식을 사랑하지 않은 것은 아니다. 가장 큰 슬픔은 자식을 먼저 보낸 부모의 가슴에 있다. 솔로몬은 이들을 위로했다. "태어날 때가 있고, 죽을 때가 있다. 심을 때가 있고, 뽑을 때가 있다(3:2)." 좀 더 강하게 위로할 필요도 있다. "죽일 때가 있고, 살릴 때가 있다. 허물 때가 있고, 세울 때가 있다(3:3)." 따뜻한 위로도 필요하다. "울 때가 있고, 웃을 때가 있다. 통곡할 때가 있고, 기뻐 춤출 때가 있다(3:4)."

대중의 관음증적 욕망을 충족시켜주는 행복 바이러스 전도사. 그들의 강연은 인기가 있고 돈벌이도 잘 된다. 하지만 그들도 밤이 되면 찾아오는 적막함을 피할 수 없다. 밤거리를 배회하고 포도주를 마셔도 다음 날에는 같은 적막이 찾아온다. 인체에 해로운 바이러스를 퇴치하는 백신은 인체에 그 바이러스를 주입하여 면역력을 키우는 거다. 세상의 이치도 그렇다. 불행은 행복의 파트너이고, 행복은 불행의 파트너이다.

모두가 같은 운명이다

"사람에게 닥치는 운명이나 짐승에게 닥치는 운명은 같은 것이다. 같은 운명이 둘 다를 기다리고 있다. 하나가 죽듯이 다른 하나도 죽는다. 둘 다 숨을 쉬지 않고는 못 사니, 사람이라고 해서 짐승보다 나을 것이 무엇이냐? 모든 것이 헛되다. 둘 다 같은 곳으로 간다. 모두 흙에서 나와서, 흙으로 돌아간다. 사람의 영은 위로 올라가고 짐승의 영은 아래 땅으로 내려간다고 하지만, 누가 그것을 알겠는가(3:19-21)?"

사람과 짐승은 서로 다를까? 사람도 매일매일 꿈틀거리는 자기 안의 짐승을 키운다. 짐승의 눈동자를 자세히 봤다면 짐승에게도 사람과 같은 감정이 없단 말을 못한다. 수백만 광년이나 떨어져 있는 머나먼 별에서 지구를 고배율 천체망원경으로 본다면 어떨까? 지구에 있는 모든 것들과 현상들은 질이 아닌 양의 차이로 서로 적당히 긴장하고 갈등하면서도 하나의 통일체로 움직이고 있는 것이 관찰될 것이다. 그리고 어느 것 하나 멈춰 서 있는 것 없이 순환한다. 지나간 것은 흔적을 남기고, 다음에 또다시 지나갈 준비를 한다.

④ 자족론 - 자족과 즐거움은 억압을 푼다

"적게 가지고 편안한 것이, 많이 가지려고 수고하며 바람을 잡는 것보다 낫다(4:6)."

세상은 억압하는 자와 억압당하는 자가 팽팽히 긴장하고 있다. 이 팽팽한 긴장이 물살이 되어 세상이라 이름하는 커다란 물레방아를 돌린다. 노사갈등이 있어야 양자의 팽팽한 갈등과 긴장으로 회사가 발전하는 원리와 같다.

카인이 왜 아벨을 살해했나? 형제의 서열로는 카인이 갑인데, 제사 드리는 일에서는 아벨이 갑이었다. 그는 어느 하나에 갑이면 다른 것에는 을이어야 한다는 것을, 그것이 세상의 이치라는 것을 받아들이지 못했다. 모든 것에서 갑이 되려는 인간의 욕망은 억압돼야 한다. 왕의 통치? 말이 번지르르하지, 그것은 국가의 안녕과 질서를 위하는 명목으로 개인의 자유에 대한 합법적인 억압이다. 성경은 왕권정치가 본래 하나님의 뜻이 아니었지만, 강한 나라를 꿈꾸는 백성의 소원을 하나님이 들어주셨다고 한다. 왕권은 성립됐지만, 백성은 억압당해야 했다. 그게 세상이다.

이 세상에 존재하는 쾌락의 총량은 일정하다. 힘 있는 사람은 힘없는 사람을 합법적으로 억압함으로써 쾌락을 누린다. 그들은 당당하다. '억울하면 출세해!' 솔로몬은 이스라엘의 최고 권력자로 쾌락을 누렸지만, 그 쾌락은 백성들의 것을 빼앗아 온 거나 다름없다. 내가 최선을 다해서 쾌락을 얻었다면, 누군가 최선을 다해 얻은 쾌락을 내가 빼앗아 온 것이나 다름없다. 자족이 행복의 근원인 이유는 다른 사람의 쾌락을 빼앗아 오지 않고 오히려 더 보태 주기 때문이다. 솔로몬은 왕의 권한으로 당당한 쾌락을 누렸지만, 그의 슬픈 눈동자는 빼앗긴 누군가의 눈동자로 향하고 있었다.

|가진 것으로 즐겁게 살아라

프랑스 칸 영화제에서 황금종려상을 받은 봉준호 감독의 〈기생충〉은 억압하는 사람의 세련된 삶과 억압당하는 사람의 구질구질한 삶을 극명한 대조로 보여주고 있다. 영화는 억압당하는 삶의 끝자락까지 간 한 남자가 분노를 폭발시켜 살인을 저지르게 한다. 억압당하는 자의 아들은 힘의 상징인 호화저택을 사려는 실현 불가능한 꿈을 꾼다. 억압당하는 사람이 억압하는 사람이 되겠다는 거다. 양자의 민낯을 가리지 않고 보여주는 기분 나쁜 영화지만, 큰 상을 받음으로써 그 불편함을 예술적 창작으로 승화시켰다. 이 세상에는 소수의 선각자를 제외하고는 다들 힘을 향해 뭉치고 있다. "내가 보니, 세상에서 살아 움직이는 모든 사람이, 왕의 후계자가 된 젊은이를 따른다(4:15)."

약자가 강자에게 기생하여 산다고 영화의 제목이 '기생충'이고, 또한 강자가 합법적으로 약자에게 기생하여 그들과 공유해야 할 쾌락을 빨아먹고 산다고 '기생충'이다. 강자는 그들의 억압된 욕망을 세련된 교양으로만 바꾸고, 약자는 그들의 억압된 욕망을 분노로 바꿨다. 지혜는 자족함으로써 가진 것으로 즐겁게 사는 것, 그 이상의 행복이 없다고 한다. 모든 부귀영화를 다 누린 후에 내뱉은 솔로몬의 이 말은 어불성설이다. 그러나 그 어불성설에서 또한 지혜는 나온다. 지혜를 얻는 일에 자존심을 내세우는 건 어리석음의 극치이다.

| 자족이 지혜다

세상은 본래 부조리하다. 그래서 "살아 숨 쉬는 사람보다 이미 숨이 넘어가 죽은 사람이 더 행복하다(4:2)." 이 세상에서의 삶은 영원한 삶의 한 점이다. 사람이 이 세상에서 영원히 살지 않고 죽어 또 다른 점으로 이동하는 것은 위대한 은총이다. 임사체험臨死體驗 연구자에게 귀를 기울이자. 임사체험자는 이것이 죽음이라면 다시 세상으로 돌아가고 싶지 않았다며 그때의 환희를 묘사하는 데

언어의 한계를 느낀다고 한다. 그들이 거기서 들은 소리를 집약하면 '돌아가 네 삶을 살아라'이다.

사람들이 무심코 하는 말, '죽고 싶다.' 무심코 하는 말이 아니라 진심이다. 사람은 죽고 싶다. 죽음으로 표현하는 영원의 고향으로 돌아가고 싶다. 우리의 무의식은 죽음은 억압된 것을 다 풀어버리고 인간 본래의 상태로 돌아가는 것임을 잘 안다. 그래서 지혜는 차라리 숨이 넘어간 사람이 행복하다고 한다. 자살은 숨이 넘어간 것이 아니고 스스로 숨을 끊은 것이다. 사람은 지금 여기서만 자족할 의무가 있다. 지금 여기에서 자족하는 것, 그것이 최고의 지혜라는 것을 사람들은 왜 모를까?

삶은 더 높이 오르는 나비가 되려 고치 안에서 날개를 연단시키는 기나긴 과정이다. 좁은 고치 안은 억압이 아니라 비상을 위한 한 과정이다. 몸통을 늘리면 무거워 절대 날지 못한다. 그런데 몸통을 늘리면서도 하늘을 비상하고 싶은 사람이 세상에 많다. 대중화된 종교는 거기에 쉽게 타협한다. 몸은 가볍게 날개는 크게, 이것이야말로 자족의 원천이다. 고통스럽다고 과정을 생략한 채, 고치의 입구를 넓히면 허술한 나비가 되어 하늘을 날다가 다시 땅으로 떨어진다. 생략된 그 지점으로부터 무엇인가를 다시 시작해야 한다.

죽은 사람보다 더 좋은 사람들도 있다. "그리고 이 둘보다는, 아직 태어나지 않아서 세상에서 저질러지는 온갖 못된 일을 못 본 사람이 더 낫다고 하였다(4:3)." 아직 태어나지 않은 사람들은 차원이 다른 어딘가에서 지구에 안착할 준비를 하고 있을 것이다. 그들도 언젠가는 생사의 수레바퀴로 들어오겠지만, 지혜는 아직 들어서지 않은 상태가 가장 좋은 시절이라고 한다. 그러나 더 높이 날아야 하는 우리는 이 땅에서 시험받을 준비를 마쳤다. 운명을 받아들인 사람은 억압을 세련된 교양이나 분노로 바꿀 필요가 없다. 억압은 자족의 과업을 위하여 잠시 자유가 제한된 상태이다.

인생의 모든 과정을 잘 통과하는 방법은 자족이다. '요즘 어떻게 지내?' '힘들어?'는 억압이 많은 거고, '그럭저럭'은 적당한 억압이고, '즐겁게'는 자족이다. 자족이라

해서 항상 희희낙락하는 것은 아니다. 인생이 어려우면 어려운 대로, 쉬우면 쉬운 대로 순리에 고개를 숙이는 것이 자족이다. 자족은 완성된 어떤 상태와 같은 것으로 거기에는 따뜻함이 흐른다. 홀로인 삶은 좋지 않다. 타인과 함께 대화하고 나누고 소통하면 자족의 온기가 공동체에 흐른다. "또 둘이 누우면 따뜻하지만, 혼자라면 어찌 따뜻하겠는가(전도서 4:11)?"

5 꿈(Dream)론 - 꿈은 소유하는 것이 아니라 꾸는 거다

> "하나님은 이처럼, 사람이 행복하게 살기를 바라시니, 덧없는 인생살이에 크게 마음 쓸 일이 없다(5:20)."

윌리엄 클라크William Smith Clark의 명언인 "소년이여 야망을 품어라"의 전문은 다음과 같다.

"소년이여 야망을 품어라. 돈을 위해서도 말고, 이기적인 성취를 위해서도 말고, 사람들이 명성이라 부르는 덧없는 것을 위해서도 말고, 단지 인간이 갖추어야 할 모든 것을 위해서…" 윌리엄 클라크의 야망은 참 인간이 되는 거다.

지혜는 젊은이에게 말한다. '꿈Vision을 가지지 마!' 그들은 눈을 휘둥그렇게 뜨고 다음 말을 기다릴 것이다. 꿈Vision은 미래의 것으로 꿈을 꾸는 사람의 마음은 현재 있지 못하고 항상 미래에 가 있다. 그들에게 현재는 항상 부족하고 아직 오지 않은 미래는 충만한 곳이다. 반면 꿈Dream은 현재의 것이다. 인생을 꿈을 꾸듯 사는 사람은 삶에 집착할 필요가 없다. 어차피 꿈인데. 지혜는 삶을 가볍게 한다.

우리는 어떤 꿈Dream을 꾸겠다며 작심하고 잠자리에 들지 않는다. 꿈은 우리의 의지와는 상관없이 무의식의 차원으로 꿔지는 것이다. 그것 자체의 메시지로 삶을 움직여 나가는 힘이 있다. 사람을 움직이는 것은 꿈Vision이 아니라 꿈Dream이다. 꿈Dream은 존재 깊은 곳에서 나오는 삶의 지형도이다. 꿈Vision은 인간의 의지가 반영된 것으로 한시적으로 삶에 기여하나 상황에 따라 변한다. 꿈Vision은 사람의 마음을 먼 미래에 가 닿게 함으로써 인간의 직무를 잠깐 유기시킨다.

꿈(dream)은 한 개인의 성장사

기브온 산당과 성전에서의 꿈Dream, 그리고 문서로 기록되지는 않았으나 솔로몬의 삶을 움직여 나갔을 많은 꿈들은 솔로몬이 꾼 것이 아니다. 꿈이 솔로몬을 꾸게 했다. 솔로몬이 꿈을 선택한 것이 아니고 꿈이 솔로몬을 선택했기에 그 꿈들은 초월적 기능을 가지고 솔로몬을 움직였다.[29] 앞서 언급한 두 개의 황홀한 꿈, 솔로몬이 이 꿈에서 교훈을 얻은 것이 아니라 이 꿈이 솔로몬에게 교훈을 줬다. 솔로몬의 지혜는 그의 꿈에서 발현된 것들을 사색하여 언어로 표현한 것들이지 않을까. 그렇지 않으면 그런 역설의 지혜를 터득하기 어렵다.

전통은 꿈Vision을 가지고 앞으로 나가라 하나, 지혜는

---

29 분석심리학자 폰 프란츠는 사람이 평생 꾸는 모든 꿈은 개성화를 향해 있다고 했다. 꿈은 의식에 없는 것을 무의식이 보상하는 것으로, 한 인간의 개성화를 위한 기나긴 보상과정이다. 꿈은 인생의 표지판이고, 자아가 그 길로 나갈 수 있도록 무의식의 에너지를 의식 위로 날라다 주는 기능을 한다. 뭔가 중요한 결정을 해야 할 때, 그리고 생애주기 중에 가장 많이 성장해야 할 때, 꿈을 가장 많이 꾸는 이유이다.

꾼 꿈Dream을 존중하고 현재를 살라고 한다. 예를 들어 설명하자. 어른은 어린이에게 꿈Vision을 가져야 훌륭한 사람이 된다고 한다. 꿈Vision을 위해서 오늘을 참고 견뎌야 한다. 반면 지혜는 어린이에게 지금 즐거운 것을 하라고 한다. 그들은 공부가 즐거울 때가 있고, 놀이가 즐거울 때가 있다. 먹는 것이 즐거울 때가 있고 쉴 때가 즐거울 때가 있다. 꿈Vision에 노예가 되지 않는 사람은 즐거운 쪽을 선택하면 된다. 마음은 이미 비어있어 선택은 어렵지 않다. 인생은 꿈을 꾸듯 가볍게 살아야 한다. 인생은 본래 단순한 것이나, 꿈Vision이 인생을 복잡하고 피곤하게 만들었다. 꿈Vision은 지금 즐겨야 할 것을 기약 없는 미래로 옮겨 놓았다. 그래서 얻은 것이 문명이다. 문명은 편의를 제공했지만, 행복을 미래에 갖다 놓음으로써 인간성을 소외시켰다.

"한마디만 더 하마. 나의 아이들아, 조심하여라. 책은 아무리 읽어도 끝이 없고, 공부만 하는 것은 몸을 피곤하게 한다(12:12)."

독서와 공부는 꿈Vision을 위한 것이다. 이 말은 책을 읽지 말고 공부를 하지 말라는 것이 아니다. 숙제가 아니라 즐겁게 하라는 것이다. 공부가 즐겁지 않으면 다른 즐거운 것을 하면 된다.

꿈Vision은 없는 것을 있는 것으로 만들어야 하는 것으로, 사람을 삼켜 버린다. 꿈Dream은 있는 것으로부터 시작하여 있는 것으로 충만하게 한다. 비문명 사람은 꿈Vision으로 살지 않고 꿈Dream으로 살기에 작은 것으로도 행복하다. "꿈이 많으면 헛된 것이 많고, 말이 많아도 그러하다⋯(5:7)." 꿈Dream은 본래 단순하나 많아지면 꿈Vision이 된다. 전자는 보고 듣는 것이고 후자는 행하고 말하는 것이다. "하나님의 집으로 갈 때에, 발걸음을 조심하여라. 어리석은 사람은 악한 일을 하면서도 깨닫지 못하고, 제물이나 바치면 되는 줄 알지만, 그보다는 말씀을 들으러 갈 일이다(전도서 5:1)."

네가 방탄소년단이다

한 소년이 꿈속에서 방탄소년단BTS을 봤다. 소년은 그 꿈을 방탄소년단의 아미Army가 되라는 것으로 해석해서 아미 부대를 열심히 쫓아다녔다. 그의 소중한 꿈을 방탄소년단에게 빼앗겨 버린 꼴이 됐다. 자신의 꿈을 방탄소년단의 꿈으로 돌려놓은 것이기도 하다. 꿈은 네가 동경하는 방탄소년단이 곧 너라는 것을 알려준 것이다. 소년은 방탄소년단의 아미가 아니라, 자기만의 방탄소년단을 찾아야 한다. 꿈에 나오는 이미지는 거의 꿈을 꾼 사람의 일부로 해석해야 꿈을 꾸듯 살아갈 수 있다.

솔로몬도 한때는 소년들에게 꿈Vision을 주입하려 했다. "아이들아, 내가 하는 말을 잘 듣고, 내가 이르는 말에 귀를 기울여라(잠언 4:20).", "이 말은 그것을 얻는 사람에게 생명이 되며, 그의 온몸에 건강을 준다(잠언 4:22)."

어떻게 들리는가? 솔로몬은 가졌고 아이들은 아직 가지지 못했으니, 아이들도 솔로몬처럼 열심히 일해서 가지라고 채근하는 것처럼 들리지 않는가? 자라나는 아이들은 성공한 사람의 말을 귀담아들어야 하지만, 그것은 지혜가 아니다. 날개가 아닌 몸의 부피를 늘리는 처세술에 가깝다. 처세술은 지혜의 안내를 받아야 삶의 지혜가 된다. 지혜의 안내를 받지 않는 처세술의 가장 큰 문제는 처세술을 지혜로 착각하는 것이다.

⑥ 재물론① - 지혜는 받은 몫으로 즐겁게 사는 거다

"세상에서 애쓰고 수고하여 얻은 것으로 먹고 마시고 즐거워하는 것이 마땅한 일이요, 좋은 일임을 내가 깨달았다! 이것은 곧 사람이 받은 몫이다(5:18)."

재물, 할 말이 너무 많아서 할 말 없는 주제다. 재물, 아무리 많아도 항상 부족하다. 재물의 목적은 재물을 사모하는 사람을 노예로 삼는 거다. 많은 재물을 가졌으니 이제는 안심이다, 하는 순간 재물이 그 사람을 근심시킨다.

재물, 죽을 때 다 놓고 간다는 것과 죽어서 가는 곳의 목적과 부합하지도 않다는 것을 모든 사람은 다 알고 있지만, 너무 쉽게 재물에 마음을 빼앗긴다. 사람이 무엇에 의해 마음을 빼앗기면 그것만 보인다. 돈에 마음을 빼앗기면 세상만사가 다 돈으로 보여 돈벌이를 잘할 수 있으나, 그러는 동안에 돈이 당신을 벌고 있을 수 있다는 것도 알아차려야 한다.

진정한 자유는 자신의 삶을 재물로부터 분리해야 한다는 것을 사람은 잘 안다. 재물은 마약과 같은 것, 그것이 주는 쾌락은 파리가 꿀통에 서서히 빠져드는 것과 같다. 파리는 꿀통을 소유했다고 생각하나, 꿀통에 의하여 소유 당한 것을 모른다. 여윳돈이 있어 부동산 투자를 했다가 돈을 좀 벌었고, 그 유혹으로 하루 중 많은 시간을 부동산 생각에 잠겨 사는 사람을 봤다. 그는 부동산이 자신을 삼켜 버린 사실을 알지 모른다. 그는 하나님에게 재개발되는 좋은 곳의 땅을 달라고 기도한다. 하나님마저 부동산 중개인으로 만들어 버렸다. 이쯤 되면 버릴 것이 많아 버리지 못하여 삶이 복잡하고 피곤해진다. 그의 집 안에는 쌓아놓은 물건도 많다.

사람이 죽으면 영혼이 몸만 떠나는 것이 아니라 재물에서도 떠난다. 삶은 죽는 연습, 곧 재물을 놓는 연습을 하는 거다.

"돈 좋아하는 사람은, 돈이 아무리 많아도 만족하지 못하고, 부를 좋아하는 사람은, 아무리 많이 벌어도 만족하지 못하니, 돈을 많이 버는 것도 헛되다(5:10)."

재물은 사람을 먹는다

재물이 많은 사람들은 적의 수도 많고, 재물이 적은 사람은 적의 수도 적다. 솔로몬은 많은 재물을 가지고 살아갈 운명이었으나, 다른 재력가와는 달랐다. 다른 재력가들은 재물을 탐해 많이 모으고 재물이 삶이 목적이 됐다. 돈의 흐름을 잘 알던 솔로몬은 많이 벌었다. 번 돈을 원 없이 씀으로, 돈을 순환시켰다. 돈이 삶의 목적이 아님을 삶으로 보였다. 오히려 물질계에서 가장 많은 에너지를 가진 돈을 마음껏 씀으로써 삶의 목적이 무엇인지를 온 존재로 배우고 싶었던 재력가였다. 뒤따라오는 잘못도 있었지만, 그의 지혜는 잘못에서도 나왔다. 잘못이 문제가 아니라 잘못을 두려워하는 것이 문제다. 책임진 잘못은 그를 더 단단하게 해준다.

솔로몬은 책상이나 두들기는 탁상공론가가 아니다. 무

엇이든 체험하고 거기서 배우고 싶은 실천가였다. 그러다 보니 욕망을 제대로 다스리지 못했고, 그 갈등으로 괴로워했다. 지혜를 만드는 화덕에 자기 자신을 장작으로 넣어버리는 모험을 감행했다. 그는 영원한 진리를 개념이 아닌 삶의 진흙탕에서 건져 올렸다. 솔로몬은 잘못 없이 살려는 샌님과는 판이 다르다. 거친 모험을 즐기며 두려움을 이겨냈고 재물을 넘어섰다.

솔로몬은 때가 이르러 공개적으로 재물의 헛됨을 외쳤다. 부자들은 솔로몬을 경계했다. '질서가 무너질라' 하며 가난한 자들은 솔로몬을 비꼬았다. '재물의 홍수에 빠져 흥청망청 사는 솔로몬이 외칠 말인가?' 예수는 부자의 천국 입성을 낙타가 바늘귀를 통과하는 것에 비유했다. 그런데 가난한 자들도 천국 갈 생각이 없는지 실을 굵게 만드는 노력을 하고 있다. 그냥 가진 실을 바늘귀에 끼우기만 하면 되는데! 예수는 그 유명한 산상수훈에서 가난한 자가 복이 있다고 했다. 그들은 가진 실을 그냥 바늘귀에 끼우면 천국이 보이기 때문이다.

선각자들은 하나같이 스스로 가난한 자가 되어 구도의 길을 걸었다. 부자는 몸에 걸칠 것이 많아 낙타의 몸집이 됐다. 나는 건강 보조식품을 식탁에 놓고 하루에 열 알씩 챙겨 먹는 사람을 봤다. 건강염려가 그의 건강을 해치고 있었다. 그들은 위장을 채울 맛있는 음식도, 마음을 채울 유흥도 너무 많다. 그들 앞에 놓인 바늘귀는 상대적으로 더 좁아지고 있다. 그들은 가진 재물로 바늘의 기능을 상실한 넓은 바늘귀를 찾고 있었다.

욕망은 시간을 타고 흘러 더 큰 욕망을 만들고, 그것은 환상의 덩어리로 귀신이 되어 물질계를 배회하고 있다. 화가 달리Salvador Dali는 〈녹아 흘러내리는 시계〉를 그렸다. 사람들이 시간이 아닌 시계에 쫓겨 산다는 것을 깨우쳐 주고 싶었다. 행복을 재물에 두는 사람은 매일 시계와 전쟁을 한다. 그의 시간을 흘러내리고 있다. 행복을 지혜에 두는 사람의 시간은 항상 현재에 있다. 시계가 필요하지 않다.

"막일을 하는 사람은 잠을 달콤하게 자지만, 배가 부른 부자는 잠을 편히 못 잔다(5:12)." 배부른 부자의 시계는 미래에 가 있으니 지금 잠을 못 자고, 막일하는 사람의 시간은 현재에 있으니 지금 잠을 달콤하게 잔다. 현재에 충만한 삶은 하루를 살아도 행복하지만, 미래를 사는 사람에게는 현재가 없다. "나는 세상에서 한 가지 비참한 일을 보았다. 아끼던 재산이, 그 임자에게 오히려 해를 끼치는 경우가 있다(5:13)."

자식에게 많은 재물을 물려주는 것은 자식이 싸워야 할 인생의 적수를 늘려주는 거다. 가장 무서운 적은 내부에 있다. 돈은 외부에 있으나 내부의 적을 키운다. 그래서 돈이 많은 곳에는 걱정과 근심도 많다. "많은 재산도 임자에게는 다만 눈요기에 지나지 않으니, 무슨 소용이 있는가(5:11)?" 돈 또한 지나간다. 돈은 필요한 곳으로 흘러가게 내버려 두는 것이 돈을 가장 잘 쓰는 것이다.

재물은 한낮의 그림자이다

재물은 실체가 아닌 그림자다. 당신은 곧 사라질 그림

자에서 살기를 원하는가? 그림자를 만든 빛의 세계에서 살기를 원하는가? 선택은 당신의 몫이다. "어머니 태에서 맨몸으로 나와서, 돌아갈 때에도 맨몸으로 간다. 수고해서 얻은 것은 하나도 가져가지 못한다(5:1)."

재물은 물처럼 흘러 필요한 곳을 채우고 다시 흐른다. 손가락으로 움켜쥐어도 손가락 사이로 빠져나가는 것이 재물이다. "어떤 사람은 재난을 만나서, 재산을 다 잃는다. 자식을 낳지만, 그 자식에게 아무것도 남겨 줄 것이 없다(5:14)." 돈이 필요한 곳으로 흘러간 것이다. 소유는 흐르지 못하게 막는 것이라면 공유는 흐르는 대로 흐르게 하는 것이다.

지혜가 강조하는 행복의 법칙 하나. '가진 것을 자족하고 그것으로 즐겁게 사는 것!' 그때 당신은 진정으로 살아있을 것이다. "그렇다. 우리의 한평생이 짧고 덧없는 것이지만, 하나님이 우리에게 허락하신 것이니, 세상에서 애쓰고 수고하여 얻은 것으로 먹고 마시고 즐거워하는 것이 마땅한 일이요, 좋은 일임을 내가 깨달았다! 이것은 곧 사람이 받은 몫이다(5:18)."

재물은 개인 소유가 아니라 받아서 온 것이다. 부자는 하늘이 내린다고 하지 않는가. 하늘이 내린 것을 개인 소유로 알았다가는 언젠가 그 대가를 치러야 한다. 주신 분의 뜻에 따라야 한다.

"하나님이 사람에게 부와 재산을 주셔서 누리게 하시며, 정해진 몫을 받게 하시며, 수고함으로써 즐거워하게 하신 것이니, 이 모두가 하나님이 사람에게 주신 선물이다(5:19)." 인생, 조금만 더 가볍게 생각하자. "하나님은 이처럼, 사람이 행복하게 살기를 바라시니, 덧없는 인생살이에 크게 마음 쓸 일이 없다(5:20)."

그런데도 앵무새처럼 반복되는 기도가 있다. '솔로몬의 지혜와 부귀영화의 복을 내게도 내려 주소서!' 그들은 솔로몬이 지혜를 위해서 버린 것들을 구하고 있다. 그리고 나서야 그것의 헛됨을 배움으로써 시간을 낭비할 것인가. 솔로몬이 닦아놓은 지혜의 길을 아직도 믿지 못하는가. 3천 년 전의 일들이 오늘도 여전히 반복되고 있다. 앞으로도 그럴 것이다. 그곳이 세상이지만, 이 또한 지나간다.

7 재물론② - 각자가 받은 몫을 흐르게 하라

"그림자처럼 지나가는 짧고 덧없는 삶을 살아가는 사람에게, 무엇이 좋은지를 누가 알겠는가(6:12)?"

최소한의 물건만을 가지고 사는 미니멀 라이프minimal life가 조용히 유행을 타고 있다. 그것의 목적은 물건을 줄임으로써 거기에 부착된 욕망도 줄여 마음의 자유를 얻는 거다.

재물이 많이 들어온 것은 주신 분의 뜻에 따라 잘 씀으로써, 재물이 삶의 목적이 될 수 없음을 배우기 위함이다. 그런 의미에서만 부는 선물이다. 가난이 선물인 이유는 버리는 고통을 면제받고 더 큰 삶의 목적을 향해 나갈 수 있기 때문이다.

부귀영화는 지식과 함께 갈 수 있어도 지혜와 함께 가

기는 힘들다. 솔로몬의 전반기 삶은 부귀영화와 지식이 함께했고, 후반기 삶은 부귀영화를 누리며 냉소하며 지혜를 얻었다. 지식은 사다리를 오르는 것처럼 위로 올라가고, 지혜는 나선형처럼 상하좌우로 간격을 좁혀 앞으로 나가 마침내 전체가 만나는 한 점에 이른다.

할 수 있는 것을 하라

지혜는 지금 여기서 내가 할 수 있는 것부터 하게 한다. 그러면 불평이 들어설 자리도 시간도 없다. 불평은 아무것도 안 하는 사람의 몫이다. 그러나 내가 하는 그 어떤 것도 그 자체가 목적인 것은 없다. 인생에서 이것만은 양보할 수 없을 만큼 중요한 것이 무엇일까? 아등바등하지 말고 흐름을 즐겨라. 인생의 목적은 강물을 따라 흐르며 지혜를 얻는 것이다. 사람은 죽어 갈 때 그가 얻은 지혜의 진가가 나타난다. 지혜를 얻은 사람은 죽음도 지혜의 일부임을 안다. 두려움 없이 죽음을 수용하고, 가족과도 모두가 가야 할 죽음 이야기를 편안히 할 수 있다. 인류가 바르게 성장한 날에는 죽어 가는 사람 앞에서 죽음 이야기를 하는 것이 금기가 아니라 가장 자연스러운 일이 될 것이다.

지혜가 사람이 가진 몫으로 즐겁게 살아야 한다고 강조한 이유는 즐거움은 인생을 수용하는 능력을 향상하기 때문이다. 놀이터에서 즐겁게 노는 어린이를 상상해 보라. 놀이 이전에 그가 가졌던 모든 욕구불만은 놀이 속으로 사라진다. 엄마 품으로 돌아오면 다시 욕구가 살아나 칭얼거리겠지만, 즐겁게 놀이한 경험이 많을수록 그는 성장 과정의 어려움을 잘 이겨낸다. 지혜는 인생의 한숨을 한 마디의 유머로 바꾸는 능력이 있다. 베토벤의 마지막 유언을 기억하라. "친구들이여, 박수를 쳐라. 코미디는 끝났다." 얼마나 즐거운 유언인가.

재물을 흐르게 하라

재물이 많은 사람은 좀 마음껏 써봐라. 재물로 자신과 타인을 즐겁게 해봐라. 재물로 고통 중에 있는 사람들을 위로해 봐라. 그곳이 재물이 흘러갈 곳이다. 창고나 금고에 모아둔 재물은 흐르지 않아 썩어 냄새가 진동한다. 자연의 순환이 막히면 막힌 것을 뚫으려고 악성 바이러스가 인간을 침투하듯이, 재물이 순환하는 통로가 막히면 생물학적 바이러스보다도 더 무서운 영적 바이러스가 그의 영혼을 침투한다.

재물이 없는 사람은 자기가 가진 다른 것을 순환시켜라. 자유롭고 마음이 넉넉하고 친절해서 세상에 부러울 것이 없이 사는 가난한 자가 있었다. 부자들이 처음에는 그를 업신여기다가 나중에는 그에게 위로를 받고 그의 교훈을 배운다. 그 가난한 자는 자신의 것을 순환시키고 있다. 내 수중에 있는 것들이 제 기능을 못 하면 다른 곳으로 흘러간다. "하나님이 어떤 사람에게는 부와 재산과 명예를 원하는 대로 다 주시면서도, 그것들을 그 사람이 즐기지 못하게 하시고, 엉뚱한 사람이 즐기게 하시니…(6:2)."

많은 재산을 가지고 천수를 누렸지만 즐겁게도 보람 있게도 살지 못하고 죽은 사람들도 많다. 그의 자식들이 재산싸움을 하느라 아비의 장례식도 제대로 치러주지 못했다면 얼마나 비참한 일인가. 해 아래 흔히 일어나는 일이다. "지혜는 그런 사람들보다 차라리 태어날 때 죽어서 나온 아이가 더 행복하다고 한다(6:3)." 그 아이는 안식 곧 편안한 휴식을 누리고 있다. 단지 그의 부모가 아파한다. 솔직히 말하면 그 아픔은 먼저 죽은 아이의 아픔이 아니라 부모 자신의 아픔이다.

인생은 방안에서 지도정치나 하는 것이 아니라, 배낭을 메고 숨을 헐떡이며 가파른 산을 오르는 거다. 가지 않은 길에는 '통행금지' 표지판이 세워져 있다. 여행 안내자들은 남들이 이미 닦아놓은 안전한 길로 가라고 한다. 그 길은 역동적이지 않고, 모험적이지 않고, 즐겁지도 않다. 길은 닦으면서 생기고 힘들게 올라야 정상에 가까워진다. 솔로몬의 지혜는 서 있는 것이 아니라 걷는 것이고, 걷는 것이 아니라 달리는 것이다. 넘어지면 일어서는 것이고, 발병이 나면 쉬었다 가면 되는 것이다. 적을 만나면 맞서 싸우면 된다. 경험이 곧 지혜이다.

"그림자처럼 지나가는 짧고 덧없는 삶을 살아가는 사람에게, 무엇이 좋은지를 누가 알겠는가? 사람이 죽은 다음에, 세상에서 일어날 일들을 누가 그에게 말해 줄 수 있겠는가(6:12)?" 살아있는 동안 경험을 넓혀야 한다. 재물은 오감의 만족을 주지만, 지혜를 모으는 일에는 가장 큰 걸림돌이다. 솔로몬은 재물이 주는 고통스러운 쾌락을 통해서 재물을 넘었다. 누구나 솔로몬처럼 지혜를 얻는 것은 아니다. 각자가 넘어야 할 고통스러운 쾌락이 있다. 그것을 넘어서야 가진 것에 집착하지 않고 흐르는 대로 흐르는 자유를 얻을 수 있다.

⑧ 중용(中庸)론 – 끌어당김과 밀어냄의 원리를 존중하라

"그렇다. 다만 내가 깨달은 것은 이것이다. 하나님은 우리 사람을 평범하고 단순하게 만드셨지만, 우리가 우리 자신을 복잡하게 만들어 버렸다는 것이다(7:29)."

지혜를 얻는 한 가지 방법을 소개하겠다. 내가 죽어 영혼이 하늘로 올라갔다고 가정하자. 거기서 땅 아래를 내려다보면서 삶의 중요한 원리가 무엇인지 상상해 보자. 다시 땅으로 내려와 사람들의 다양한 삶 속에 침투하자. 인간의 상상력 안에는 상상 그 이상의 능력이 있다. 지혜는 상상력과 현실의 만남이다.

절대로, 어느 한 삶이 다른 삶보다 우월하거나 열등하다고 평가할 수는 없다. 세상 모든 사람은 어쩌면 그렇게 정교한 씨줄과 날줄이 되어 완벽한 조화를 이룬 양탄자를 짜고 있는지, 그것을 내려다본다면 놀라지 않을 수 없을 것이다. 이렇게 솔로몬의 지혜는 삶을 관조하는 능력에서 나왔다.

우리는 남의 인생에 대해 함부로 말할 권리가 없다. 그것은 교만이고 무지이다. 우리는 각자 앞에 놓인 삶을 주교재로 즐겁게 공부해야 한다. 타인은 나와는 다른 그만의 인생 교재와 그만의 즐거움이 있다. 비교는 악이다. 이 세상 모든 사람들은 각자의 길이 있다. 있는 그대로 존중받을 권리가 있다. 의욕이 강한 사람이 타인을 바꾸어주려다가 그만 함께 짜던 양탄자의 결이 삐뚤어진다. 그는 반성했고 양탄자는 금방 제 결로 돌아왔다.

| 너무 잘하려 말라

인류 최초의 마음의 병은 우울증이다. 그 병은 우울하면 안 된다는 신념 때문에 걸린다. 우울하기로 작정한 사람은 우울증에 안 걸린다. 우울은 각자의 내면을 들여다보게 하여 그가 가진 지혜의 잠재력을 끌어올린다. 행복에 집착하면 아직 행복하지 않다는 증거이고, 불행에 집착하면 행복은 파랑새처럼 저 멀리 날아간다. 행복과 불행은 늘 반복된다. 행복할 때는 쉬어가고, 불행할 때는 성장한다.

솔로몬보다 이천 년이나 앞서 지구에 와서 음양의 원리로 인간과 우주의 원리를 설명한 중국의 전설적인 인물인 복희씨. 음에는 양이 있고 양에는 음이 있다는 그의 지혜론은 솔로몬의 지혜와 서로 통한다. 지혜는 표현 방식만 다를 뿐, 시간과 공간을 초월하여 하나가 된다.

살아있는 것은 죽었다가 다시 살고, 죽은 것은 살았다가 또 죽는다. 돌고 도는 세상에서 이것 아니면 저것, 하는 원리는 없다. 지혜는 서로 다른 양극단이 마침내 하나에서 만날 때까지 둘을 인정하고 통합해 나가는 끝이 없는 과정이다. 솔로몬의 지혜는 자연스럽게 '중용의 미덕'에 가 닿았다. "나를 가난하게도 마옵시고 부하게도 마옵시고 오직 필요한 양식으로 나를 먹이시옵소서(잠언 30:8)."

오직 선을 실천하는 것이 인륜이라고 고집하는 사람들의 고집을 나는 믿지 않는다. 그들은 단지 목소리로만 외칠 뿐 선을 실천하지도 못한다. 선이 구현되는 과정에는 필연적으로 악도 뒤따라 들어온다. 그들은 악을 소거하려고 애를 쓰지만, 자신도 모르는 사이에 악의 일부가 된다. 악을 행하는 사람의 마음에도 선에 대한 갈망은 있다. 그게 사람이다. "그러니 너무 의롭게 살지도 말고, 너무 슬기롭게 살지도 말아라. 왜 스스로 망치려 하는가(7:16)?"

세상을 관조하면, 세상에는 서로 다른 것들이 사이좋은 오누이처럼 항상 마주 보고 있는 것이 보인다. 싸우지마라, 다정하게 지내라, 너희들은 남남이 아니다. 하늘과 땅, 남자와 여자, 동쪽과 서쪽, 뜨거운 것과 차가운 것, 좋은 것과 나쁜 것, 서로 다른 둘은 서로를 끌어당기거나 밀치면서 세상의 질서를 만들고 있다. "좋은 일만 하고 잘못을 전혀 저지르지 않는 의인은 이 세상에 하나도 없다(7:20)."

하나를 취하고 다른 하나는 버리려는 사람들은 다른 하나에서 오는 삶의 진실을 잃는다. 세상은 항상 서로 다른 것들이 자석의 양극처럼 서로 끌어당기고 밀치면서 하나의 발달을 향해 나가고 있다.

"너무 악하게 살지도 말고, 너무 어리석게 살지도 말아라. 왜 제 명도 다 못 채우고, 죽으려고 하는가(전 7:17)?"

솔로몬은 총명한 마음으로 성공하는 지혜를 배웠고, 슬픈 눈동자로 헛됨의 지혜도 배웠다. 솔로몬은 향락의 극단으로 갔다가도 염세적 생각에 빠지곤 했다. 생각의 진폭이 컸기에 이스라엘의 전통을 넘어 이방인과 그들 종교도 받아들였다. 이는 이스라엘 역사학자의 혹한 비난을 받았지만, 솔로몬은 자신을 비난하지 않았을 것이다. 솔로몬은 양자를 넘어 새로운 차원에 눈이 뜨였을 것이다. 인간은 상태로만 서로 다를 뿐, 본래 하나였다는 지혜를 얻었을 것이다. 그래서 내가 깨달은 것을 다른 사람들에게 이해시키는 일은 깨닫는 일만큼 힘들다. 내가 얻은 지혜를 절대화하면 그 지혜는 헛된 것이 될 수밖에 없다. 이래서 솔로몬은 지혜도 헛되다는 고백했을 것이다. "하나를 붙잡되, 다른 것도 놓치지 않는 것이 좋다. 하나님을 두려워하는 사람은 극단을 피한다(7:18)."

싸우지 말고 다정하게 지내라

중용의 도를 지키는 방법은 간단하다. 누구든 살다 보면 한쪽으로 치우칠 때가 있다. 치우친 반대쪽으로 삶의 축을 조금만 더 이동하면 된다. 단지 조금만 더. 너무 많이 움직이면 정체성이 사라진다. 집단의식은 끊임없이 우리를 자기 쪽으로 끌어당기나, 용기를 내어 그 반대쪽으로도 가봐야 한다. 다음은 집단이 옳다고 여기는 것의 반대쪽으로 가는 방법을 나열하고 있다.

"명예가 값비싼 향유보다 더 낫고, 죽는 날이 태어나는 날보다 더 중요하다. 초상집에 가는 것이 잔칫집에 가는 것보다 더 낫다. 살아있는 사람은 누구나 죽는다는 것을 명심하여야 한다. 슬픔이 웃음보다 나은 것은, 얼굴을 어둡게 하는 근심이 마음에 유익하기 때문이다. 지혜로운 사람의 마음은 초상집에 가 있고 어리석은 사람의 마음은 잔칫집에 가 있다. 지혜로운 사람의 책망을 듣는 것이, 어리석은 사람의 노래를 듣는 것보다 더 낫다(7:1-4)."

⑨ 불가지론 - 모르는 것은 모르는 대로 놔두는 것이 지혜이다

> "하나님이 하시는 모든 일을 두고서, 나는 깨달은 바가 있다. 그것은 아무도 이 세상에서 이루어지는 일을 이해할 수는 없다는 것이다(8:17)."

'어떻게 하면 되지?' 힘든 일을 만나면 사람들은 빠져나올 궁리만 한다. 사람들이 싫어한다고 해서 한번 찾아온 힘든 일은 방문한 사람을 금방 떠나지 않는다. 자신이 원하지 않았더라도 힘든 일은 손님으로 찾아온 만큼 환영은 못 해도 손님으로서 예우는 해줘야 한다. 힘든 일이 찾아온 건 그 이유가 있는 만큼 한동안 힘든 일과 함께할 필요가 있다. 힘든 일은 시간이 지나면 스스로 제힘을 다 풀어놓고 그 사람을 떠나기 마련이다. 조급한 사람들은 그때까지 기다리지 못해 힘든 일의 의미를 놓친다.

'이 일이 나에게 왜 일어났는가?' 힘든 일은 방정식을 푸는 것과 같다. 일차방정식을 풀면 이차방정식이 주어지고, 이차방정식을 풀면 삼차방정식이 주어진다. 하나의 힘든 일을 피하면, 그 이상의 고차방정식은 풀지 못한다. 삶에서 방정식의 차수가 늘어나지 않는 것은 당신이 차수를 초월할 정도로 높은 수준에 있거나, 높은 차수의 방정식을 피해 가기 때문이다.

경험으로 배우라

두 개의 회사에 합격해 놓고 어느 곳으로 가야 할지 고민하는 청년이 있었다. 두 회사 모두 조건과 장래성은 비슷하다. 고민은 입사해서 어느 회사가 덜 힘들고 더 힘든가를 따지는 정도이다. 미래는 아는 것보다 모르는 것이 더 많으니 쉽게 생각하라. 마음이 조금이라도 더 끌리는 곳으로 가면 된다. 끌림은 자기Self가 투사되고 있는 증거다. 우리가 가야 할 곳은 목적이고, 힘들게 가거나 쉽게 가는 것은 일종의 수단이다. 수단은 달라도 되는데,

사람들은 수단을 고민한다. 길을 가다가 모르는 것들은 모르는 대로 놔두면 언젠가는 의미가 되어 돌아온다.

목적을 위한 수단은 꼭 뒤따라온다. 반드시. 그런 믿음은 필요하다. 공부에 뜻을 둔 사람은 필요한 돈이 들어오고, 진리를 깨친 사람에게는 배우는 사람이 모여든다. 선택이 어려울 때는 간절한 마음으로 제비뽑기를 해라. 제비뽑기는 요행을 기대하는 것이 아니라 나의 간절함에 책임을 지는 것이요, 의식이 아닌 무의식적 직관에 의지하는 것이다.

왜 선한 하나님이 만든 세상에서 선한 사람이 고통을 받아야 하는가? 신학자는 50%의 정의만 내렸다. '고통의 원인은 알 수 없다. 하나님은 고통받는 사람과 함께 고통받는다.' 그럼 고통받지 않는 자들에게는 하나님이 함께하지 않는가? 누구나 하나님은 나의 하나님이기를 원한다. 심지어 고통을 주는 사람도 하나님은 그들의 하나님이기를 기도한다. 또 그런 줄로 믿는다. 모두 50%의 대답만 있는 의문이다. 나머지 50%는 각자의 경험이 답을 내린다.

직선의 역사에는 수없이 많은 원의 역사가 있다. 사람은 영원한 존재여서, 살면서 일어나는 일들은 일어나야 하는 원의 일부이다. 사람의 몸과 표면적 자아는 현상의 차원에 존재하나, 자아의 깊은 차원은 초월의 세계에 가 닿아있다. 그래서 아주 가끔 불치의 병이 낫는 등의 신비한 일들이 일어난다. 지혜는 추상적이고 사변적인 언어를 꺼린다. 그래야 할 때는 침묵하는 편이 차라리 낫다. 그래서 구체적 사실에 감정을 너무 개입시키지 말자. 그러면 전체의 움직임을 놓친다. 지혜는 모르는 것을 아는 것이 아니라, 움직임의 방향을 깨닫는 거다.

예를 들어보겠다. 솔로몬은 과한 세금과 부역으로 백성들을 힘들게 했다. 백성은 피해자이고 솔로몬은 가해자이다. 솔로몬은 쾌락을 얻었고 백성은 고통을 받았다. 그러나 피해자인 백성의 삶에도 쾌락은 있었고, 가해자인 솔로몬의 삶에도 고통은 있었다. 그래도 여전히 불합리하지 않은가? 우리는 왜 이런 일들이 일어나는지는 모른다. 다만 그런 일이 일어나는 것을 깨닫고 감정의 동요를 최소화하면서 준비할 수는 있다.

불가해한 세상을 조금이라도 더 이해하려면 내가 속한 집단 밖으로 나와 세상을 봐야 한다. 싯다르타는 안일한 궁궐을 나왔고, 예수는 배타적 유대주의를 나왔다. 지혜자는 현상을 이해하고 수용하는 능력을 갖추었다. 어리석은 사람은 지식을 탐하나, 지식이 알려 주는 것은 모른다는 것뿐이다. 인간의 인식능력 밖에서 인간은 어떤 힘으로 서로 연결되어 있다. 우리는 다차원에서 단지 한 점을 살고 있다. 하나의 점이 선으로, 그 선이 면으로, 그리고 그 면이 홀로그램과 연결됐다는 것을 어떻게 알 수 있단 말인가. "악한 사람이 받아야 할 벌을 의인이 받는가 하면, 의인이 받아야 할 보상을 악인이 받는다(8:14)."

삶의 퍼즐 조각은 무조건 수용하라

앎보다 위대한 것은 이해이고, 이해보다 더 위대한 것은 수용이다. 죽음과 임종 의학자인 퀴블러로스는 대부분의 죽어 가는 사람들은 마지막 단계에서 죽음을 수용하면서 편안히 눈을 감는다고 했다. 생전에 삶의 많은 것들을 수용하면서 살아온 사람들은 죽음의 수용도 어렵지 않다. 반면 삶의 많은 것들을 수용하지 못한 사람은 죽음도 잘 수용하지 못해 몹시 두려워한다. 알려고 노력하라. 그러나 알지 못하는 것은 그렇다고만 이해하라. 이해할 수 없는 것들은 그대로 수용하라. 지혜는 이것이다.

"나는, 악한 사람들이 죽어서 무덤에 묻히는 것을 보았다. 그런데 사람들은 장지에서 돌아오는 길에 그 악한 사람들을 칭찬한다. 그것도 다른 곳이 아닌, 바로 그 악한 사람들이 평소에 악한 일을 하던 바로 그 성읍에서, 사람들은 그들을 칭찬한다. 이런 것을 보고 듣노라면 허탈한 마음 가눌 수 없다(8:10)."

지혜는 무지의 지, 즉 불가지론을 수용한다. 솔로몬의

지혜는 인생의 물음에 마침표를 찍은 결론이 아니다. 무수히 많은 느낌표와 물음표로 가득하다. "그것은 아무도 이 세상에서 이루어지는 일을 이해할 수는 없다는 것이다. 그 뜻을 찾아보려고 아무리 애를 써도, 사람은 그 뜻을 찾지 못한다. 혹 지혜 있는 사람이 안다고 주장할지도 모르지만, 그 사람도 정말 그 뜻을 알 수는 없는 것이다(8:17)."

⑩ 공동체론 - 우리는 인생이라는 무대의 배우이지, 관람객이 아니다

"지금은 하나님이 네가 하는 일을 좋게 보아주시니, 너는 가서 즐거이 음식을 먹고, 기쁜 마음으로 포도주를 마셔라(9:7)."

나르시시즘으로 알려진 '자기애'는 내가 나를 사랑하는 것을 말한다. 나르시시즘의 형태는 이 세상 인구만큼 다양하다. 이를 천상천하유아독존이라 한다. 막 태어난 갓난아이는 목청껏 소리 내어 울면서 자기애를 세상에 과시한다.[30] 울지 않으면 의사가 엉덩이에 자극을 주어 울게 하는데, 이는 울음으로 이 세상에 자기애를 드러내

---

30 갓 태어난 아기의 울음에 대한 해석은 다양하다. 심리학자 오토랑크(Otto Rank)는 출생외상의 관점에서 해석했고, 도날드 위니캇(Donald W. Winnicott)은 창조성의 관점에서 해석했다. 위니캇은 엄마와 유아를 동일체로 봄으로써 엄마의 나르시시즘은 곧 유아의 나르시시즘이 된다고 했다. 여성의 나르시시즘은 출산으로 최고조에 이른다.

는 것이다.

자기를 사랑하는 사람은 타인에게도 그런 자기애가 있다는 것을 존중한다. 이기주의자는 어떤가? 그들은 자기 사랑이 아닌, 자기 욕망에 충실하여 타인의 자기애를 착취한다. 우리는 자기 사랑이란 접착제로 서로서로 연결돼 있다. 사랑의 공동체는 자기애로부터 시작한다. 자기애가 없는 이타주의는 너를 위해서 내가 희생하는 것이다. 그들은 타인을 통제하여 공동체에 심각한 결핍을 초래한다.

"모두가 같은 운명을 타고났다. 의인이나 악인이나, 착한 사람이나 나쁜 사람이나, 깨끗한 사람이나 더러운 사람이나, 제사 드리는 사람이나 드리지 않는 사람이나, 다 같은 운명을 타고났다. 착한 사람이라고 해서 죄인보다 나을 것이 없고, 맹세한 사람이라고 해서 맹세하기를 두려워하는 사람보다 나을 것이 없다(9:2)."

현미경식 인생, 망원경식 인생

인생을 보는 두 가지 관점이 있다. 하나는 현미경식 관점이다. 근거리에서 고성능 돋보기로 개체를 관찰하는 것이다. 개체의 특성이 크게 보이고 다른 존재와의 연관성은 잘 보이지 않는다. 다른 하나는 망원경식 관점이다. 전체의 움직임이 관찰되고 개체는 전체로 편입된다. 지구 밖에서 보는 지구인은 모두가 하나의 완벽한 운명공동체이다.

전승에 의하면 솔로몬은 신비한 능력을 행하는 마법사이기도 했다. 마법은 인간의 깊은 무의식에 있는 원형이 투사된 현상이다. 아직은 의식적인 것들과 통합을 해내지 못해서 지혜라기보다는 마법인 것이다. 마법은 지구 밖에서 지구를 보고, 지구 안의 일을 지구 밖의 것들과 연결한다. 솔로몬의 지혜로 미루어보아, 그는 유체이탈 같은 신통력을 사용하여 지혜를 넓히는 도구로 사용했을 가능성도 있다.[31] 우주도 거대한 힘과 질서에 의하여 한 치의 오차도 없이 운행되는 운명공동체이다. 그 힘은 사랑이다.

지구를 침입해온 외계인과 전쟁을 하는 이야기나 영화는 인간의 두려움이 투사된 것에 불과하다. 지구별까지 날아올 정도로 고도로 진화한 문명의 외계인은 절대 지구와 전쟁하지 않는다. 도대체 전쟁으로 얻는 것이 무엇이겠는가. 그들은 지구를 돕기 위해서 온다. UFO의 실체가 과학자들에 의하여 점점 더 사실에 가깝게 밝혀지고 있다. 이는 더 많이 성장해야 하는 지구공동체에 희망이다. 존재의 본질은 사랑이고 더 많이 진화할수록 더 큰 사랑이다. 그들이 지구를 방문한 것은 전쟁을 일으키

---

31 솔로몬이 지었다고 알려진 책 〈솔로몬의 작은 열쇠〉, 혹은 〈레메게톤〉은 솔로몬을 신비한 능력을 행하는 주술사 혹은 마법사로 소개하고 있다. 그러나 이 책은 중세 르네상스 시대에 〈마도서〉를 수정 및 가필해서 낸 책이다. 〈마도서〉는 솔로몬이 그의 아들 르호보암을 위해서 쓴 책이라 하는데. 실제는 14~15세기경에 유대 신비주의 카발리스트와 아랍 연금술사들의 저작으로 추정된다(나무위키). 솔로몬을 신비주의 관점에서 보려는 시도들은 그의 사상에 나타난 비범함 때문일 것이다.

기 위해서가 아니다. 우주 운명공동체의 일원으로 서로 사랑하기 위해서가 아니겠는가?

   초고성능 망원경을 가지고, 대기권 밖으로 나가 지구인들에게 초점을 맞추었다고 상상해 보자. 어떤 한 사람에게 맞췄다. 그 사람이 움직여 다른 사람과 교차되자, 둘은 하나가 됐다. 둘은 각자의 길로 지나갔지만, 둘 사이에 강력한 자장이 형성돼 공간적 거리 같은 것은 존재하지 않는 것이 된다. 강력한 자장은 조건 없는 사랑의 힘이다.

   지혜자라고 불리는 소수의 사람들에게 현미경을 맞추면 어떨까? 그들은 평범한 사람과 두 가지가 다르다. 하나는 자신과 세상은 공동운명체라는 깊은 연대의식을 가졌고, 다른 하나는 자기 및 타인의 행위는 그들이 속한 공동운명체에 기여하고 있다는 것을 민감한 의식으로 알아차리고 있다는 점이다. 지혜자와 평범한 사람의 차이는 하나 됨을 알아차리는 능력의 유무이다.

각자의 끼를 발휘하라

"나는 이 모든 것을 마음속으로 깊이 생각해 보았다. 그리고서 내가 깨달은 것은, 의로운 사람들과 지혜로운 사람들이 하는 일을 하나님이 조종하신다는 것, 그들의 사랑과 미움까지도 하나님이 조종하신다는 것이다. 사람은 아무도 자기 앞에 놓여 있는 일을 알지 못한다(9:1)." 삶은 감독자인 하나님의 무대에서 각자의 연기를 하는 것이다. 우리는 관객이 아니다. 무대 위해서 멋진 연기를 하는 주연이다.

"모두가 다 같은 운명을 타고났다는 것, 이것이 바로 세상에서 벌어지는 모든 잘못된 일 가운데 하나다(9:2)." 우리는 하나의 운명공동체이다. 인생의 무대에서 배역은 역설적 인과관계로 엮이기에 잘못된 것처럼 보인다. 현숙한 걸인이 왕의 성장을 위해서 제 배역을 훌륭히 해내는 무대가 있다. 부지런한 종이 주인에게 겸손을 가르치려고 자기 배역을 멋지게 해내는 무대도 있다. 무학자가 지혜자를 깨닫게 하는 무대도 있다. 다른 것 같지만, 입체

적 시각으로 보면 모두가 같은 운명이다. 무대에서는 서
투른 배우도 늘 있지만, 그들은 비난받아야 할 배우가 아
니라 더 배워야 할 연습생이다.

"살아있는 사람에게는 누구나 희망이 있다(9:4)."

각자 받은 몫을 즐기는 것은 각자의 배역을 즐기는 것
이다. 우리는 즐겁게 배역을 맡고자 이 땅에 왔다. 착각하
지 말라. 무대장치는 나의 사저가 아니다. 무대의 소품은
나의 사유재산이 아니다. 다음 연극을 준비하는 후손들
을 위해서 아낌없이 빈손으로 내려와야 한다. 업보karma
는 그것들이 영원하기나 한 것처럼 집착하는 것을 말한
다. 업보는 벌을 주려는 것이 아니라, 어서 정신 차려 다
시 제 배역에 충실하라는 신호등이다.

세상이라는 무대에서는 각자의 끼를 마음껏 발휘하
자. 황홀한 마무리 음악은 배우의 황홀한 퇴장을 돕는다.
앞서 연기를 끝낸 사람들이 마중 나와 축하의 박수를 쳐

준다.[32] 지구별에서의 삶은 이처럼 아름답고 고귀하다.

"네가 어떤 일을 하든지, 네 힘을 다해서 하여라. 네가 들어갈 무덤 속에는, 일도 계획도 지식도 지혜도 없다 (9:10)."

---

32 임종을 맞이하는 사람이 의식으로부터 멀어져 무의식 상태가 되면, 그들은 부모 또는 생전에 영향을 받은 사람들이 눈앞에 보인다고 한다. 분석 심리학적 꿈과 환상의 해석에서 이들은 삶과 죽음은 별개의 것이 아니라 하나로 연결되어 있다는 것을 알리는 전령사와 같은 존재들이다. 전형적인 방법이 이미 사망한 부모나 어른의 방문이다(샤클린 뒤르뮐러, 삶과 죽음 죽음과 삶, 한국심층심리연구소, 2007).

11 회고론 - 과거를 회고해 봄으로써 현재를 수용하고 사랑할 수 있다

> "도끼가 무딘데도 그 날을 갈지 않고 쓰면, 힘이 더 든다. 그러나 지혜는 사람을 성공하도록 돕는다(10:10)."

전도서 10장에서 솔로몬은 무엇은 하고 무엇은 하면 안 된다는 분리의 상태로 돌아간다. 이전과는 관점이 다르다. 삶을 관조하는 지혜가 성공의 처세로 돌아선 것 같은 느낌도 든다. 약해져 기댈 곳을 찾아 익숙한 전통을 답습하는 나이 든 선생처럼 보인다. 여기서는 전도서 10장을 솔로몬의 노후 회고로 전제하여 해석하겠다.

전통의 첨탑은 오랜 세월에 걸쳐서 만들어진 매뉴얼이다. 그 자체로 타당성과 권위도 있다. 무대에 오르는 배우는 먼저 매뉴얼을 익혀야 한다. 매뉴얼은 그의 미숙함을 지적하고 수정하게 하고 무대에 적응하게 한다. 이제 막 인생의 무대를 배우는 사람들은 매뉴얼부터 익혀야 한다. 그러나 퇴장을 앞둔 솔로몬은 전통의 지혜로 자신을 반추해 보면서 다음 무대의 주역들에게 교훈을 전해야 했다.

"지혜로운 사람의 마음은 옳은 일 쪽으로 기울고, 어리석은 사람의 마음은 그릇된 일 쪽으로 기운다(10:2)." 지나온 삶에 대한 반성이다. 그는 약해지고 있었다. 사람이 약해지면 분열의 방어기제를 사용하여 세상을 둘로 쪼개고, 안전하다는 쪽으로 기대고 싶어진다.

"지혜로운 사람은 말을 해서 덕을 보고, 어리석은 사람은 제 입으로 한 말 때문에 망한다. 어리석은 자의 입에서 나오는 말은, 어리석음으로 시작해서 사악한 광기로 끝난다(10:12~13)." 솔로몬 역시 너무 많은 말을 했고, 사악한 광기라고 할 만한 일들을 많이 저질렀다. 거기서 지혜를 발굴했지만, 후예들은 그렇지 않기를 바라는 마음이 있었을 거다.

솔로몬은 많은 세월을 쾌락에 빠졌다. "왕은 어리고, 대신들은 이른 아침부터 잔치에 빠져 있는 나라여, 너는 저주를 받을 것이다(10:16)." 솔로몬처럼 잔치에 빠진 왕이 어디 또 있었을까. 구강기 욕구로 결핍을 보상하려 했지만, 그래 봐야 헛됐다.

"게으른 자의 집은 들보가 내려앉고, 손이 놀면 지붕이 샌다(10:18)." 나이가 들면 젊어서의 총기와 열정으로 돌아가 무엇인가를 다시 새롭게 하고 싶어진다. 그러나 충동적 의지에 불과하다. 그의 집 지붕은 새기 시작했다. 즉 나라가 둘로 갈라질 조짐을 보였지만, 손을 쓰기에는 너무 늦었다.

불안해졌다. 예전의 왕령은 통하지 않았다. 권력이 누수되면 아첨하던 신하들은 뒤로 돌아선다. 왕과 신하의 관계를 재조명해야 했다. "통치자가 너에게 화를 낼 때에, 너는 네 자리를 뜨지 말라. 침착하면 큰 잘못을 막을 수 있다(10:4)." 그의 무의식은 무대에서 내려올 준비를 하고 있었으나, 그의 의식은 아직도 권위 있는 왕으로 있고 싶었다. 삶은 무의식이 만들어 간다.

솔로몬은 허물 많은 왕이었다. "내가 세상에서 본 잘못된 일 또 하나는, 역시 통치자에게서 볼 수 있는 크나큰 허물이다(10:5)." 하지만 왕의 허물을 대하는 신하는 지혜로워야 한다. "마음속으로라도 왕을 욕하지 말며, 잠자리에서라도 존귀한 이를 저주하지 말라. 하늘을 나는 새가 네 말을 옮기고, 날짐승이 네 소리를 전할 것이다(10:20)."

"잔치는 기뻐하려고 벌이는 것이다. 포도주는 인생을 즐겁게 하고, 돈은 만사를 해결한다(10:19)." 즐거움을 추구하는 것은 본능이다. 포도주로 의식과 무의식의 경계를 흐릿하게 하면 고단한 세상에 단비가 내린다. 돈의 힘은 세다. 돈이 일정한 세상 질서를 만들어주는 것은 부인할 수 없는 사실이다. 솔로몬이 하고 싶었던 말은 그것들을 멀리하라는 것이다.

지혜는 때를 기다리는 것이 아니라, 때를 사는 거다

지혜는 모든 것은 때가 있다고 가르친다. 솔로몬의 때가 다가오고 있었다. 다윗이 기초를 닦고 솔로몬이 단단히 세운 나라에 균열 생기기 시작했다. 역사는 흥망의 역사이다. 솔로몬은 흥, 그의 아들은 망의 역사를 써야 했다.

솔로몬은 바람 부는 허허벌판에 외롭게 혼자 서 있어야 했다. 하나님께 자신을 전적으로 맡기는 마지막 인생 공부의 때가 온 것이다. 그는 마지막 때를 맞이한 사람들이 그렇듯이 과거를 회상했다. 회상의 목적은 죄책감이나 후회가 아니다. 마지막으로 배울 것을 배우기 위함이다. 지난 것들을 지나간 대로 놔두라. 마음은 한없이 가벼워지고 존재감은 더욱 상승한다. 누구나 완벽하지는 않아도 온전한 자기의 삶을 살다가 간다. 나를 끝까지 지지하고 격려하고 사랑할 사람은 바로 나 자신임을 잊어서는 안 된다. 당신이 어떤 삶을 살았던지, 사랑으로 정리하라.

직접이든 간접이든 많은 경험을 하면, 자신과 타인의 삶을 객관적으로 볼 수 있다. 이를 관조라고 한다. 상상으로라도 삶을 관조하는 연습을 하라. 세상 모든 사람이 앞뒤의 차이는 있지만, 나중에는 그 차이도 없어진다. 가다 보면 같은 길을 걷고 있음이 보일 것이다. 삶을 관조하면 자기 삶에 집착하지 않고 한 걸음 뒤로 물러나 이타적 사랑할 수 있다. 함께 길을 걷는 우리는 서로를 돕고 있다.

열심히 살아라.

"돈이 있으면, 무역에 투자하여라. 여러 날 뒤에 너는 이윤을 남길 것이다. 이 세상에서 네가 무슨 재난을 만날지 모르니, 투자할 때에는 일곱이나 여덟으로 나누어 하여라. 구름에 물이 가득 차면, 비가 되어서 땅 위로 쏟아지는 법. 나무가 남쪽으로나 북쪽으로 쓰러지면, 어느

쪽으로 쓰러지든지, 쓰러진 그곳에 그대로 있는 법. 바람이 그치기를 기다리다가는, 씨를 뿌리지 못한다. 구름이 걷히기를 기다리다가는, 거두어들이지 못한다(11:1~4)."

불가지론을 받아들여라.

"바람이 다니는 길을 네가 모르듯이 임신한 여인의 태에서 아이의 생명이 어떻게 시작되는지 네가 알 수 없듯이, 만물의 창조자 하나님이 하시는 일을 너는 알지 못한다. 아침에 씨를 뿌리고, 저녁에도 부지런히 일하여라. 어떤 것이 잘 될지, 이것이 잘 될지 저것이 잘 될지, 아니면 둘 다 잘 될지를, 알 수 없기 때문이다(11:5~6)."

기쁘게 살아라

"빛을 보고 산다는 것은 즐거운 일이다. 해를 보고 산다는 것은 기쁜 일이다(11:7)."

인생은 헛되다. 그래서 더 즐겁게 살아라.

"오래 사는 사람은 그 모든 날을 즐겁게 살 수 있어야 한다. 그러나 어두운 날들이 많을 것이라는 것도 기억해야 한다. 다가올 모든 것은 다 헛되다(11:8)."

너 자신의 삶을 살아라.

"젊은이여, 젊을 때, 젊은 날을 즐겨라. 네 마음과 눈이 원하는 길을 따라라. 네 마음의 걱정과 육체의 고통을 없애라. 혈기 왕성한 청춘은 덧없이 지나가기 때문이다(11:8a, 10)."

13 인생론② - 누구나 다 이 길을 걸어야 한다

인생은 후반부로 갈수록 삶을 수용하는 원리를 배운다. 임종 의학자 퀴블로로스는 대부분의 사람은 죽음 직전에 죽음을 평화롭게 수용한다고 한다. 단지 죽음 직전에는 깊은 무의식 상태로 들어가므로 살아있는 사람과 의미 있는 대화를 할 수 없음이 아쉽다. 살아생전에 수용의 덕을 많이 펼친 사람은 죽음의 무의식으로 들어가기 전에 의식적인 상태에서 살아있는 사람들과 편안하게 대화하면 안녕할 수 있다. 지혜는 누구나 걷는 자기 앞에 펼쳐진 삶을 수용한다. 우리는 진정으로 수용할 수 있는 것만 진정으로 사랑할 수 있다.

창조주를 기억하라.

"젊을 때에 너는 너의 창조주를 기억하여라. 고생스러운 날들이 오고, 사는 것이 즐겁지 않다고 할 나이가 되기 전에, 해와 빛과 달과 별들이 어두워지기 전에, 먹구름이 곧 비를 몰고 오기 전에, 그렇게 하여라(12:1~2)."

죽음을 기억하라.

"그때가 되면, 너를 보호하는 팔이 떨리고, 정정하던 두 다리가 약해지고, 이는 빠져서 씹지도 못하고, 눈은 침침해져서 보는 것마저 힘겹고, 귀는 먹어 바깥에서 나는 소리도 못 듣고, 맷돌질 소리도 희미해지고, 새들이 지저귀는 노랫소리도 하나도 들리지 않을 것이다. 높은 곳에는 무서워서 올라가지도 못하고, 넘어질세라 걷는 것마저도 무서워질 것이다. 검은 머리가 파 뿌리가 되고, 원기가 떨어져서 보약을 먹어도 효력이 없을 것이다. 사람이 영원히 쉴 곳으로 가는 날, 길거리에는 조객들이 오간다(12:3~5)."

창조주에게 돌아가라.

"은 사슬이 끊어지고, 금 그릇이 부서지고, 샘에서 물 뜨는 물동이가 깨지고, 우물에서 도르래가 부서지기 전에, 네 창조주를 기억하여라. 육체가 원래 왔던 흙으로 돌아가고, 숨이 그것을 주신 하나님께로 돌아가기 전에, 네 창조주를 기억하여라(12:6~7)."

힘써 지혜를 배워라.

"전도자가 말한다. 헛되고 헛되다. 모든 것이 헛되다. 전도자는 지혜로운 사람이기에, 백성에게 자기가 아는 지식을 가르쳤다. 그는 많은 잠언을 찾아내서, 연구하고 정리하였다. 전도자는 기쁨을 주는 말을 찾으려고 힘썼으며, 참되게 사는 길을 가르치는 말을 찾으면 그것을 바르게 적어 놓았다. 지혜로운 사람의 말은 찌르는 채찍 같고, 수집된 잠언은 잘 박힌 못과 같다. 이 모든 것은 모두 한 목자가 준 것이다(12:8~11)."

지식에 의존하지 말라.

"한마디만 더 하마. 나의 아이들아, 조심하여라. 책은 아무리 읽어도 끝이 없고, 공부만 하는 것은 몸을 피곤하게 한다(12:12)."

14 순환론 - 다시 한 세대는 가고 또 한 세대는 온다

"보아라, 이것이 바로 새것이다, 하고 말할 수 있는 것이 있는가? 그것은 이미 오래전부터 있던 것, 우리보다 앞서 있던 것이다(1:9~10)."

그리고 세상은 다시 시작된다. 한 알의 밀알이 떨어져 죽어 거기서 다시 생명이 움트는 원리와 같다. 이것이 저것보다 좋다 나쁘다, 이 일이 저 일보다 기쁘다 슬프다, 당신이 나보다 우월하다 열등하다, 하는 것들은 감정의 변화이다. 시시로 변하는 감정에 당신의 존재를 실어 그것이 실재인 것처럼 착각하지 말라. 감정은 시간을 이기지 못한다.

누군가 내가 살아온 삶을 살아갈 것이고, 나는 절대 소멸하지 않고 이 영원한 우주 공간의 어디쯤에서 또 다른

삶을 이어갈 것이다. 지금 내가 선 이곳에서 영원을 만나
는 것이 영원불멸의 지혜이다.

15 결론 - 두려워 말라. 당신은 혼자가 아니다

"할 말은 다 하였다. 결론은 이것이다. 하나님을 두려워 하여라(12:13)."

시간의 한계 안에 있는 존재가 존재의 근원인 영원을 만났을 때, 그분의 호칭은 하나인 하나님, 또는 하늘이신 하느님이다. 사람이 초자연적 존재를 만났을 때는 높은 자아의 수준에서 황홀경에 빠짐과 동시에, 인간의 한계 내에서의 경험이라 두려움도 함께 느낀다. 이때의 두려움을 나는 황홀한 두려움이라 부른다. 하나 또는 하늘이신 분이 두 눈동자로 우리를 지켜보니 행실을 조심하라는 도덕적 두려움 또는 초자아 두려움과는 차원이 다르다.

한편 낮은 자아의 수준에서 경험하는 인간적 두려움은 에너지 수치를 떨어뜨리는 삶의 가장 큰 방해꾼이다. 두려워하는 것은 오랜 경험으로 두렵다고 해석하거나 느끼는 것이지, 그 실체가 있는 것은 아니다. 우리와 함께하시는 분은 사랑 자체로 우리를 두렵게 하지 않는다. 하나님을 두려워하라는 것은 그 밖에 다른 것들은 두려워하지 말라는 의미이다. 존재의 근원을 만나는 황홀한 두려움을 가지라. 그러나 이 세상에서는 두려워 말라. 당신은 혼자가 아니다.

나오면서

이 글을 다 쓰고 나자 솔로몬의 박수를 받는 기분이다. 이것도 나르시시즘인가. 그래도 괜찮다. 만일 누군가 내 심리를 추적해서 '심리 생애사'를 써준다면, 나의 치부가 드러나 불쾌할 것이다. 그것은 누구도 마찬가지이다. 신도 인간이 경험하기는 그림자가 있다고 한다. 하물며 사람이야.

그러나 나의 사후에 그런 일이 일어나고, 누군가는 거기서 인생에 도움을 받았다면, 나는 기뻐할 것이다. 그는 내가 남긴 선물을 풀어 나와 하나가 된 것이기 때문이다. 타자와의 동질성과 연대감은 인간의 경험 중 단연 최고이다.

나는 솔로몬의 머리에 쓴 금관을 벗겼고, 화려한 왕의 옷을 벗겼고, 그의 재능과 지식 그리고 무의식의 기록을 벗겼다. 우리와 솔로몬 사이의 엄청난 시공간에 짧은 다리를 하나 놓은 것이다. 그랬더니 솔로몬의 이야기는 나,

그리고 나와 마음의 대화를 진지하게 나눈 사람의 이야기이기도 했다. 3,000년 전 까마득한 고대인을 지금 여기로 초대해 드렸으니, 솔로몬이 어찌 기쁘지 않겠는가.

명망이 있는 사람일수록 그의 장례식에서 과장된 조사가 낭독된다. 다음 세대에 그는 범접할 수 없는 이상적 인물이 되고, 시대가 바뀌면 신화적 인물로 바뀐다. 사람들은 더는 그와 교제하지 않을 것이다. 그렇게 사람들 마음속에 파묻혀 버린, 평범한 지혜자가 우리 주위에 얼마나 많은가. 나는 사람들 입에서나 오르고 내릴 뿐, 실제로는 관심 밖의 인물이 된 솔로몬을 독자 바로 곁에 모셔드리고 싶은 강한 충동으로 이 글을 썼다.

평소 내 글에 애정을 가진 이들에게 원고를 프린트해서 읽혔고, 소감을 물었다. 대체로 다음 두 가지로 요약된다. 첫째, 솔로몬도 우리처럼 고뇌하는 한 인간이었다. 둘째, 저자의 사색을 통해 나온 솔로몬의 지혜이지만 마음 깊은 곳에서 진동이 있었다. 여기다가 필자의 견해를 더해 세 번째는, 시공간을 초월한 인간의 동질성과 연대성을 느꼈다. 즉 나는 솔로몬의 생애와 어록으로 '하나 됨의 예문'을 만들었다.

누구나 세상을 떠날 때에는 이 땅에 선물을 남겨놓고 간다. 사람들이 관망만 했지 풀기를 두려워한 솔로몬의 선물 보따리를 나는 풀었다. 그 안에는 살아있는 모든 사람끼리, 그리고 그들을 죽은 자와도 하나로 이어주는 의례로 가득 찼다. 이걸 몰랐다니!

마음을 열고 세상을 보면 모든 것이 하나임을 일깨워주는 상징은 무궁무진하다. 가장 깊은 의식상태인 명상에서는 하다못해 스피커에서 나는 잡음도 일치의 대상으로 삼는다. 솔로몬은 자신의 삶을 일치의 대상으로 내어주었다. 우리는 거기서 솔로몬의 삶과 지혜를 배웠고, 그와 하나 됨의 의례에 참여했다. 이제 우리의 과제는 각자의 고유한 상황에 따라 솔로몬의 지혜를 사용하는 것이다. 솔로몬이 어찌 기뻐하지 않겠는가.

솔로몬, 나는
지혜를 사랑했지만
쾌락도 좋아했다

펴낸날 2021년 6월 25일

지은이 박성만
펴낸이 주계수 | **편집책임** 이슬기 | **꾸민이** 이슬기

펴낸곳 밥북 | **출판등록** 제 2014-000085 호
주소 서울시 마포구 양화로 59 화승리버스텔 303호
전화 02-6925-0370 | **팩스** 02-6925-0380
홈페이지 www.bobbook.co.kr | **이메일** bobbook@hanmail.net